Hinter dem Sachregister befindet sich ein ausführliches Verzeichnis der

Guttentagschen Sammlung

Deutscher Reichs- und Preußischer Gesetze

— Textausgaben mit Anmerkungen; Taschenformat —

die alle wichtigeren Gesetze in unbedingt zuverlässigem Abdruck und mit mustergültiger Erläuterung wiedergibt.

Guttentagsche Sammlung
Nr. 116. Deutscher Reichsgesetze. Nr. 116.
Textausgaben mit Sachregister.

Kriegs-
Zivil- und Finanzgesetze

vom 4. August 1914.

Die außerordentlichen reichsgesetzlichen Bestimmungen mit den amtlichen Begründungen, Bekanntmachungen und Ausführungsbestimmungen und den angezogenen Gesetzesstellen.

Zweite ergänzte Auflage.

Berlin 1914.
J. Guttentag, Verlagsbuchhandlung,
G. m. b. H.

Vorwort.

Die Notgesetze, die der im August 1914 begonnene Krieg veranlaßte, sind, soweit sie nicht rein militärischer Natur sind, in diesem Bändchen zusammengefaßt. Wie lange sie werden in Geltung bleiben müssen, wissen wir nicht. Ihre Wichtigkeit wird aber noch über die Zeit der kriegerischen Verwickelungen andauern.

Diese Gesetze wurden dem Reichstag am 4. August vorgelegt, ohne Beratung insgesamt angenommen, vom Kaiser unterzeichnet und ebenfalls noch am 4. August im Reichsgesetzblatt veröffentlicht.

Alles in Colonel Gesetzte ist amtliche Begründung bezw. Bekanntmachungen, Erlasse und Ausführungsbestimmungen, die weiteren erläuternden Zusätze sind in Nonpareille gegeben.

Berlin, 4. August 1914.

Die Verlagsbuchhandlung.

Inhaltsverzeichnis.

I.

Gesetz zur Aenderung des Gesetzes, betreffend die Unterstützung von Familien in den Dienst eingetretener Mannschaften, vom 28. Februar 1888 (RGBl. S. 59).

Vom 4. August 1914 (RGBl. S. 332).

§ 1. In dem Gesetze, betreffend die Unterstützung von Familien in den Dienst eingetretener Mannschaften, vom 28 Februar 1888 erhält:

1. § 1 Satz 2 folgende Fassung:
   Das Gleiche gilt bezüglich der Familien derjenigen Mannschaften, welche zur Disposition der Truppen- (Marine-) Teile beurlaubt sind, derjenigen Mannschaften, welche das wehrpflichtige Alter überschritten haben und freiwillig in den Dienst eintreten, **sowie des Unterpersonals der freiwilligen Krankenpflege.**[1])
2. § 2 Abs. 1 folgenden Zusatz:
   c) **dessen uneheliche Kinder, insofern seine Verpflichtung als Vater zur Gewährung des Unterhalts festgestellt ist.**
3. § 2 Abs. 3 folgende Fassung:
   Entfernteren Verwandten und geschiedenen Ehefrauen steht ein solcher Unterstützungsanspruch nicht zu[2]).
4. § 5 Abs. 1 folgende Fassung:
   „Die Unterstützungen sollen mindestens betragen:
   a) für die Ehefrau im Mai, Juni, Juli, August,

---

[1]) Das **Fettgedruckte** ist neu.

[2]) Hier fiel die Bestimmung für die unehelichen Kinder fort, die jetzt mit in die Unterstützung einbezogen sind, sofern sie Unterhaltsansprüche haben.

September, Oktober, monatlich **neun Mark**, in den übrigen Monaten **zwölf Mark**[1]),

b) für jedes Kind unter 15 Jahren sowie für jede der im § 2 unter b und c bezeichneten Personen monatlich **sechs Mark**."[1])

§ 2. Das Gesetz tritt mit seiner Verkündung in Kraft.

Die amtliche Begründung des Gesetzes lautet:

Das Gesetz, betreffend die Unterstützung von Familien in den Dienst eingetretener Mannschaften, vom 28. Februar 1888 sieht für die Familien der Mannschaften der Reserve, Landwehr, Ersatzreserve, Seewehr und des Landsturms, sobald diese Mannschaften bei Mobilmachungen in den Dienst eintreten, im Falle der Bedürftigkeit Unterstützungen vor. Bei Festsetzung dieser Unterstützungen ist das Gesetz davon ausgegangen, daß es sich nicht darum handelt, Beträge auszuwerfen, welche den vollständigen Unterhalt der zu unterstützenden Personen sicherstellen sollen, sondern diejenigen Mindestbeträge festzusetzen, unter welche nicht heruntergegangen werden darf, sobald im einzelnen Falle das Bedürfnis zur Verabreichung einer Unterstützung überhaupt anerkannt worden ist. Die Verpflichtung, in den Fällen des Bedürfnisses das über die Beträge hinaus Erforderliche zu verabreichen, besteht daneben. Durch die seit Erlaß des Gesetzes veränderten wirtschaftlichen Verhältnisse erscheint eine Erhöhung der Beträge geboten.

Die Erweiterung des Personenkreises trägt nach dem Vorgang der neueren Pensionsgesetzgebung (vgl. § 22 Ziffer 3 des Gesetzes vom 31. Mai 1901 — Reichs-Gesetzbl. S. 193 —, § 44 des Gesetzes vom 31. Mai 1906 — Reichs-Gesetzbl. S. 565 —, § 17 des Gesetzes vom 17. Mai 1907 — Reichs-Gesetzbl. S. 214 —) der Bedeutung der freiwilligen Krankenpflege für Heer und Marine und dem Bedürfnis nach einer gesteigerten Beteiligung geeigneter Kräfte auf diesem Gebiete Rechnung. Die Familien des Personals der freiwilligen Krankenpflege — entsprechend der

---

[1]) Erhöhung der Sätze.

Pensionsgesetzgebung — nur für die Zeit der Verwendung auf dem Kriegsschauplatze zu unterstützen, würde dem bestehenden Bedürfnis nicht genügen. Schließlich ist vorgesehen, daß auch die unehelichen Kinder der Eingetretenen einen Unterstützungsanspruch erhalten, insofern sie Unterhaltsansprüche haben.

Das Unterstützungsgesetz von 1888, das wir seiner Wichtigkeit wegen hier abdrucken, lautet nach Einfügung der neuen Änderungen wie folgt:

Gesetz, betreffend die Unterstützung von Familien in den Dienst eingetretener Mannschaften, vom 28. Februar 1888 (RGBl. S. 59) und 4. August 1914 (RGBl. S. 332).

§ 1. Die Familien der Mannschaften der Reserve, Landwehr, Ersatzreserve, Seewehr und des Landsturms erhalten, sobald diese Mannschaften bei Mobilmachungen oder notwendigen Verstärkungen des Heeres oder der Flotte in den Dienst eintreten, im Falle der Bedürftigkeit Unterstützungen nach näherer Bestimmung dieses Gesetzes. Das Gleiche gilt bezüglich der Familien derjenigen Mannschaften, welche zur Disposition der Truppen-(Marine-)Teile beurlaubt sind, derjenigen Mannschaften, welche das wehrpflichtige Alter überschritten haben und freiwillig in den Dienst eintreten, sowie des Unterpersonals der freiwilligen Krankenpflege.

§ 2. Auf die nach § 1 zu gewährenden Unterstützungen haben Anspruch:

a) die Ehefrau des Eingetretenen und dessen eheliche und den ehelichen gesetzlich gleichstehende Kinder unter 15 Jahren, sowie

b) dessen Kinder über 15 Jahre, Verwandte in aufsteigender Linie und Geschwister, insofern sie von ihm unterhalten wurden oder das Unterhaltungsbedürfnis erst nach erfolgtem Diensteintritt desselben hervorgetreten ist,

c) dessen uneheliche Kinder, insofern seine Verpflichtung als Vater zur Gewährung des Unterhalts festgestellt ist.

Unter den sub b bezeichneten Voraussetzungen kann den Verwandten der Ehefrau in aufsteigender Linie und ihren Kindern aus früherer Ehe eine Unterstützung gewährt werden.

Entfernteren Verwandten und geschiedenen Ehefrauen steht ein solcher Unterstützungsanspruch nicht zu.

§ 3. Die Verpflichtung zur Unterstützung liegt den nach § 17 des Gesetzes über die Kriegsleistungen vom 13. Juni 1873 (Reichs-Gesetzbl. S. 129) gebildeten Lieferungsverbänden ob.

Staaten, in welchen von der Bildung besonderer Lieferungsverbände Abstand genommen worden ist, haben die Unterstützungen unter gleichmäßiger Anwendung der nachfolgenden Bestimmungen aus ihren Mitteln zu gewähren.

§ 4. Zur Unterstützung ist derjenige Lieferungsverband verpflichtet, innerhalb dessen der Unterstützungsbedürftige zur Zeit des Beginns des Unterstützungsanspruchs (§§ 1, 10 Absatz 3) seinen gewöhnlichen Aufenthalt hat.

§ 5. Die Unterstützungen sollen mindestens betragen:

a) für die Ehefrau im Mai, Juni, Juli, August, September, Oktober monatlich neun Mark, in den übrigen Monaten zwölf Mark;

b) für jedes Kind unter 15 Jahren sowie für jede der im § 2 unter b und c bezeichneten Personen monatlich sechs Mark.

Die Geldunterstützung kann teilweise durch Lieferung von Brotkorn, Kartoffeln, Brennmaterial usw. ersetzt werden.

Unterstützungen von Privatvereinen und Privatpersonen dürfen auf die vorbezeichneten Mindestbeträge nicht angerechnet werden.

§ 6. In jedem Lieferungsverbande entscheidet endgültig eine Kommission sowohl über die Unterstützungsbedürftigkeit der einzelnen Familien, als auch unter Beachtung der Vorschriften des § 5 über den Umfang und die Art der Unterstützungen. Es können mehrere Kommissionen für einen Lieferungsverband eingesetzt werden.

Die Kommission ist berechtigt, Auskunft über die Verhältnisse der einzelnen Familien von den Gemeindebehörden zu erfordern, auch die letzteren zu ihren Verhandlungen zuzuziehen.

§ 7. Hat der Lieferungsverband gesetzlich anerkannte korporative Vertretung, so sind rücksichtlich der Bildung, Zusammensetzung, des Vorsitzes und der Wahrnehmung der Geschäfte auch dieser Kommission die bestehenden gesetzlichen Bestimmungen maßgebend. Ist der hiernach eintretende Vorsitzende nicht von der Landesregierung berufen oder bestätigt, so ist dieselbe befugt, den Vorsitzenden mit Stimmrecht zu ernennen. Wo eine solche Vertretung nicht vorhanden ist, besteht die Kommission aus einem von der Landesregierung zu bestellenden Vorsitzenden und einer von ihr zu berufenden, den Verhältnissen angemessenen Anzahl von Mitgliedern.

Einer jeden Kommission wird, soweit die Verhältnisse es gestatten, ein von dem Landwehr-Bezirkskommando zu bestimmender Offizier beigeordnet.

§ 8. Die Kommission kann nur beschließen, wenn mehr als die Hälfte ihrer Mitglieder zugegen ist. Die Beschlüsse werden nach Stimmenmehrheit gefaßt. Bei Stimmengleichheit entscheidet die Stimme des Vorsitzenden. Der beigeordnete Offizier (§ 7), sowie die zugezogene Gemeindebehörde (§ 6) nehmen an der Abstimmung nicht Teil.

§ 9. Ist die Verfassung des Lieferungsverbandes nicht ausreichend, um die Beschaffung der zur Gewährung der Unterstützungen erforderlichen Mittel sicherzustellen, so ist die Landesregierung befugt, die nötigen Anordnungen für den Verband zu treffen und den Verbandsangehörigen zur Beschaffung jener Mittel Abgaben aufzulegen.

§ 10. Die bewilligten Unterstützungsbeträge sind in halbmonatlichen Raten vorauszuzahlen.

Rückzahlungen der vorausbezahlten Beträge finden auch dann nicht statt, wenn der in den Dienst Eingetretene vor Ablauf der halbmonatlichen Periode zurückkehrt.

Für Beginn und Fortdauer der Unterstützungen kommt auch der für Hin- und Rückmarsch zum bezw. vom Truppenteil erforderliche Zeitraum in Berechnung.

Die Unterstützungen werden dadurch nicht unterbrochen, daß der in den Dienst Eingetretene als krank oder verwundet zeitweilig in die Heimat beurlaubt wird.

Wenn der in den Dienst Eingetretene vor seiner Rückkehr verstirbt oder vermißt wird, so werden die Unterstützungen so lange gewährt, bis die Formation, welcher er angehörte, auf den Friedensfuß zurückgeführt oder aufgelöst wird. Insoweit jedoch den Hinterbliebenen auf Grund des Gesetzes vom 27. Juni 1871*) (Reichs-Gesetzbl. S. 275) Bewilligungen gewährt werden, fallen die durch gegenwärtiges Gesetz geregelten Unterstützungen fort.

§ 11. Falls Personen, deren Familien nach den Vorschriften dieses Gesetzes Unterstützungen erhalten, nach ihrem Eintritt in den Dienst

a) der Fahnenflucht sich schuldig machen, oder
b) durch gerichtliches Erkenntnis zu Gefängnisstrafe von längerer als sechsmonatlicher Dauer oder zu einer härteren Strafe verurteilt werden,

so wird die bewilligte Unterstützung bis zum Wiedereintritt in den Dienst eingestellt.

Die Truppenbefehlshaber haben in diesen Fällen den beteiligten Kommissionen schleunigst Nachricht zu geben.

§ 12. Für die nach vorstehenden Bestimmungen geleisteten Unterstützungen wird zu den in § 5 festgesetzten Mindestbeträgen Entschädigung aus Reichsfonds gewährt. Der Zeitpunkt der Zahlung dieser Entschädigung wird durch jedesmaliges Spezialgesetz des Reichs bestimmt.

II.

Gesetz über die Kriegsversorgung von Zivilbeamten.

Vom 4. August 1914 (RGBl. S. 335).

§ 1. Dem § 34 des Gesetzes über die Pensionierung der Offiziere usw. wird als 2. Absatz folgender Satz eingefügt:

---

*) Betreffend die Pensionierung und Versorgung der Militärpersonen des Reichsheeres und der Kaiserlichen Marine, sowie die Bewilligungen für die Hinterbliebenen solcher Personen.

Gleichen Anspruch haben diejenigen Beamten der Zivilverwaltung, die während der Dauer des Kriegszustandes auf Befehl ihrer Vorgesetzten zur Unterstützung militärischer Maßnahmen verwendet und damit unter den Befehl des Kommandierenden Generals des örtlichen Armeekorps treten.

§ 2. Die Hinterbliebenen der nach § 1 versorgungsberechtigten Personen sowie die Hinterbliebenen von solchen im § 1 genannten Personen, die bei dem dort angegebenen Anlaß gestorben sind, werden versorgt wie die Hinterbliebenen der kriegsdienstbeschädigten oder im Kriege gefallenen Heeresbeamten (Mil.Hint.Ges. vom 17. Mai 1907 — RGBl. 1907 S. 214 ff. —).

Den nach Abs. 1 nicht versorgungsberechtigten Witwen können Witwenbeihilfen in Anwendung der Vorschriften des Militärhinterbliebenengesetzes gewährt werden.

§ 3. Dieses Gesetz tritt mit Wirkung vom 31. Juli d. Js. in Kraft.

Nach dem jetzigen Stande der Gesetzgebung steht solchen Beamten der Zivilverwaltung, die während des Kriegszustandes zur Unterstützung der militärischen Maßnahmen im Grenzschutz- und Bewachungsdienst Verwendung finden, kein Anspruch auf Kriegsversorgung zu, wie solche allen Militärpersonen und Heeresbeamten gewährt wird, die durch den Krieg zu Schaden kommen. Es handelt sich hierbei in erster Linie um Forstschutzbeamte, Chausseeaufseher, Beamte der Wasserbauverwaltung, Zoll- und Steueraufseher, Beamte staatlicher Wasserversorgungsanlagen.

Alle diese Beamten sind während der Ausübung ihres Dienstes zur Zeit des Kriegszustandes feindlichen Angriffen ausgesetzt und werden dabei zur Verwendung ihrer Waffe gezwungen in gleicher Weise wie Militärpersonen.

Infolgedessen ist es für notwendig erkannt worden, ihnen dieselben Wohltaten wie den übrigen am Kriege Beteiligten zuzuwenden.

Dies kann durch den in § 1 vorgeschlagenen Zusatz zum § 34 des Offizier-Pensionsgesetzes vom 31. Mai 1906 erreicht werden.

Auch für die Hinterbliebenen muß in gleicher Weise gesorgt werden.

Es ist erforderlich, daß dem Gesetze Wirkung mit dem Beginne des Kriegszustandes, das ist der 31. Juli d. Js., gegeben wird (Begr.).

2. Der § 34 des Offizierpensionsgesetzes lautet:

„Beamte der Zivilverwaltung, Geistliche und andere kirchliche Beamte, die während der Dauer eines Krieges bei dem Feld- und Besatzungsheer als Heeresbeamte verwendet werden und nicht zu den Heeresbeamten des Beurlaubtenstandes gehören, haben gegen den Militärfiskus Anspruch auf Pension, wenn sie durch eine im Dienste als Heeresbeamte erlittene Dienstbeschädigung zur Fortführung des Zivildienstes dauernd unfähig geworden sind und deshalb aus dem Zivildienst ausscheiden müssen."

(Hier schließt sich die neue oben mitgeteilte Bestimmung an:
„Gleichen Anspruch haben usw.")

„Für die Bemessung und Zahlung der Pension gelten die Vorschriften des Reichsbeamtengesetzes."

(Die weiteren Bestimmungen mit Erläuterung können in Romen, Militärpensionsgesetze I., Guttentag'sche Sammlung Deutscher Reichsgesetze Nr. 79a, nachgelesen werden.)

3. Die Hinterbliebenenversorgung ist in dem 57 Paragraphen umfassenden Militärhinterbliebenengesetz geregelt, dessen Bestimmungen also auf die Zivilbeamten in den angegebenen Fällen ausgedehnt werden. Dieses Gesetz ist abgedruckt in Romen, Militärpensionsgesetze II., Guttentag'sche Sammlung Deutscher Reichsgesetze Nr. 79b.

III.

Gesetz, betreffend den Schutz der infolge des Krieges an Wahrnehmung ihrer Rechte behinderten Personen.

Vom 4. August 1914 (RGBl. S. 328).

1. Die amtliche Begründung führt zu dem Gesetz als Ganzem aus:

Bei Ausbruch des Krieges gegen Frankreich wurde mittels Gesetzes vom 21. Juli 1870 (Bundes-Gesetzbl. S. 493) für die Dauer des damaligen Kriegszustandes die Einstellung der Zivilprozesse angeordnet, in welchen „Militärpersonen" als Haupt- oder Nebenpartei beteiligt waren. Ferner wurden durch dieses Gesetz für das Konkursverfahren, die Subhastationsprozesse usw. Maßregeln zum Schutze der erwähnten Personen gegen die ihnen infolge ihrer Abwesenheit drohenden Rechtsnachteile getroffen. Die Zwangsvollstreckung wurde erheblichen Beschränkungen unterworfen und endlich das Ruhen der Verjährung zugunsten der genannten Personen und ihrer Gegner angeordnet.

Eines gleichen Schutzes bedürfen die Personen, welche infolge ihrer Beteiligung an dem gegenwärtig ausgebrochenen Kriege an Wahrnehmung ihrer Rechte behindert sind. Dieser Schutz wird ihnen durch die Vorschriften der Zivilprozeßordnung nicht in ausreichendem Maße gewährt. Allerdings kann nach § 247 das Prozeßgericht die Aussetzung des Verfahrens anordnen, wenn eine Partei sich zu Kriegszeiten im Militärdienste befindet oder sich an einem Orte aufhält, welcher durch Krieg von dem Verkehre mit dem Prozeßgericht abgeschnitten ist, und es darf angenommen werden, daß die Gerichte von dieser Befugnis in den hierzu geeigneten Fällen Gebrauch machen werden. Hierdurch sind jedoch, wie auch in der Begründung des Entwurfs der Zivilprozeßordnung anerkannt wird, die zum Kriegsdienst Einberufenen gegen prozessuale Nachteile, welche ihnen aus ihrer Abwesenheit erwachsen können, schon deshalb nicht unter allen Umständen gesichert, weil die Möglichkeit vorliegt, daß im einzelnen Falle das Gericht von der Einberufung der Partei zum Kriegsdienst keine Kenntnis erhält und daß aus diesem Grunde die Aussetzung des Verfahrens unterbleibt. Eine ausreichende Sicherheit bietet nur die Unterbrechung des Verfahrens kraft Gesetzes, wie sie im Jahre 1870 angeordnet wurde.

Abgesehen hiervon ist die Anwendbarkeit des § 247 auf das eigentliche Prozeßverfahren beschränkt. Die Zwangsvollstreckung gegen Militärpersonen, welche zu einem mobilen Truppenteil oder zur Besatzung eines in Dienst gestellten Kriegsfahrzeugs gehören, ist nur durch die im § 850 Abs. 1 Nr. 6 enthaltene Vorschrift beschränkt.[1]) Ferner sind die zum Kriegsdienst einberufenen Personen gegen den Ausschluß ihrer Rechte im Konkurs-, Aufgebots-, Verteilungs-, Zwangsversteigerungs- und Zwangsverwaltungsverfahren sowie gegen den Ablauf der Verjährung reichsgesetzlich nicht geschützt. Es liegt daher das Bedürfnis vor, auch für den gegenwärtigen Krieg nach dem Vorgang vom Jahre 1870 ein Spezialgesetz zu erlassen, welches den zum Kriegsdienst Einberufenen und den ihnen gleichzustellenden Personen nach den angegebenen Richtungen den erforderlichen Schutz gewährt. Diesem Bedürfnis soll der Entwurf abhelfen.

Da das Gesetz vom 21. Juli 1870 sich, soweit bekannt, in der Praxis bewährt hat, ist dasselbe im allgemeinen bei Aufstellung des Entwurfs zum Anhalt genommen und nur insoweit der Abänderung unterzogen worden, als dies mit Rücksicht auf die veränderte Rechtslage, wie sie sich aus den inzwischen ergangenen Gesetzen, insbesondere den Reichsjustizgesetzen und dem Bürgerlichen Gesetzbuch, ergibt, geboten erschien. Auch in der äußeren

---

[1]) Dort heißt es: „Der Pfändung sind nicht unterworfen:

6. das Diensteinkommen der Militärpersonen, welche zu einem mobilen Truppenteil oder zur Besatzung eines in Dienst gestellten Kriegsfahrzeuges gehören.“

Anordnung schließt sich der Entwurf mit wenigen Ausnahmen jenem Gesetz an.

§ 1. Für den gegenwärtigen Kriegszustand gelten die in den §§ 2 bis 10 enthaltenen Vorschriften.

1. Aus diesem Paragraphen ergibt sich die vorübergehende Geltung des Gesetzes. Während das Ende des „Kriegszustandes" gemäß § 11 bestimmt werden soll, geht der Entwurf davon aus, daß der tatsächliche Kriegszustand zur Zeit des Inkrafttretens dieses Gesetzes bereits begonnen hat, und daß daher die Frage, ob und inwieweit ein Kriegszustand im Sinne anderer gesetzlicher Bestimmungen vorliegt, hier außer Betracht bleibt. Das Gesetz erlangt mithin, soweit die sonstigen Voraussetzungen für seine Anwendung im einzelnen Falle gegeben sind, sofort — vom Zeitpunkt der Verkündung (§ 12) — Wirksamkeit bis zur Beendigung des Kriegszustandes in Gemäßheit des § 11.

§ 2. In bürgerlichen Rechtsstreitigkeiten, welche bei den ordentlichen Gerichten anhängig sind oder anhängig werden, wird das Verfahren unterbrochen:

1. **wenn eine Partei vermöge ihres Dienstverhältnisses, Amtes oder Berufs zu den mobilen oder gegen den Feind verwendeten Teilen der Land- oder Seemacht oder zu der Besatzung einer armierten oder in der Armierung begriffenen Festung gehört;**
2. **wenn eine Partei dienstlich aus Anlaß der Kriegsführung des Reichs sich im Ausland aufhält;**
3. **wenn eine Partei als Kriegsgefangener oder Geisel sich in der Gewalt des Feindes befindet.**

Die vorstehende Bestimmung findet auch Anwendung auf die bürgerlichen Rechtsstreitigkeiten, welche bei den

auf Grund des Gewerbegerichtsgesetzes (Reichs-Gesetzbl. 1901 S. 353) zur Entscheidung gewerblicher Streitigkeiten berufenen Gerichten und den auf Grund des Gesetzes vom 6. Juli 1904 (Reichs-Gesetzbl. S. 266) errichteten Kaufmannsgerichten anhängig sind oder anhängig werden.

1. Der § 2 ordnet im Einklang mit dem § 2 des Gesetzes vom 21. Juli 1870 die Unterbrechung des Verfahrens an. Er bestimmt in Verbindung mit § 3 den Umfang der Rechtsstreitigkeiten, bei denen gegebenenfalls die Unterbrechung eintreten soll, und den Kreis der Personen, denen der Schutz gewährt wird. In ersterer Beziehung wird er durch § 10, in letzterer Hinsicht durch § 9 ergänzt. Die Abgrenzung der schutzbedürftigen Personen ist auch für die übrigen Bestimmungen des Entwurfs maßgebend.

2. Bei Bestimmung des Personenkreises, für welchen das Gesetz wirksam werden soll, schließt sich der Entwurf, abgesehen von der Nr. 2 des ersten Absatzes, im wesentlichen den Bestimmungen des Gesetzes vom 21. Juli 1870 an. Die Worte „gegen den Feind geführt“ sind durch „gegen den Feind verwendet“ ersetzt worden, weil bei einer engen Auslegung des ersteren Ausdrucks die Absicht des Gesetzes in einzelnen Fällen vereitelt werden könnte. Die Zugehörigkeit zu den Truppen, wie sie in dem früheren Gesetze gefordert wird, kann in manchen Fällen, die unter das Gesetz fallen müssen, zweifelhaft sein; namentlich paßt dieser Ausdruck nicht für alle bei der Marine in Betracht kommenden Verhältnisse. Es ist deshalb der Ausdruck „Teile der Land- oder Seemacht“ gewählt worden. Wenn ferner das frühere Gesetz nur die Besatzungstruppen einer „eingeschlossenen“ Festung schützt, so wird oft schwer zu ermitteln sein, ob und von wann ab eine Festung eingeschlossen gewesen sei; dagegen läßt sich der Beginn der „Armierung“ durch Auskunft der Militärbehörde stets zuverlässig feststellen, und von diesem Zeitpunkt ab sind die zur Besatzung gehörigen Personen regelmäßig nicht mehr in der Lage, ihre Rechtsangelegenheiten wahrzunehmen. Der Zusatz

unter Nr. 2 bezweckt eine Erweiterung des im Jahre 1870 gewährten Schutzes im Interesse der im Ausland befindlichen Personen. Die besonderen Schwierigkeiten des Verkehrs mit der Heimat während des Krieges erfordern es, daß den Personen, welche sich dienstlich aus Anlaß der Kriegsführung des Reichs im Ausland aufhalten, der gesetzliche Schutz unter allen Umständen gewährt werde, auch wenn sie nicht den unter Nr. 1 aufgeführten Kategorien angehören.

3. Die Frage, ob eine Person vermöge ihres Dienstverhältnisses, Amtes oder Berufs zu den mobilen usw. Teilen der Land- oder Seemacht gehört, muß der gerichtlichen Prüfung im einzelnen Falle überlassen bleiben. Was insbesondere die Zugehörigkeit vermöge des Berufs anlangt, so wird eine solche namentlich für diejenigen Personen nicht anzunehmen sein, welche sich lediglich des Erwerbes halber freiwillig einem mobilen Truppenteil anschließen, ohne zu einer Dienstleistung berufen zu sein; anderseits kann auch eine an sich private Tätigkeit, wie die freiwillige Krankenpflege, wenn sie mit ausdrücklicher oder stillschweigender Zustimmung der zuständigen Stelle bei einem mobilen Truppenteile geleistet wird, jene Zugehörigkeit begründen. Auch die Frage, ob die Zugehörigkeit zu einem mobilen Truppenteile durch die vorübergehende Abwesenheit aus dienstlichen oder anderen Gründen gelöst werde, kann nur nach der Lage des einzelnen Falles beurteilt werden. Da aus der allgemeinen Fassung des Gesetzes vom 21. Juli 1870 sich erhebliche Schwierigkeiten bei der praktischen Anwendung nicht ergeben haben, erscheint das Vertrauen berechtigt, daß die Gerichte bei Würdigung des Zweckes des Gesetzes auch jetzt die richtige Lösung finden werden.

4. Der Entwurf ordnet die Unterbrechung und die Aussetzung (§ 3 Abs. 2) unmittelbar nur für das Verfahren vor den ordentlichen Gerichten (§ 2 Abs. 1) und vor den im Abs. 2 bezeichneten Gewerbegerichten und Kaufmannsgerichten an. Zu den ordentlichen Gerichten gehören auch die in den Konsulargerichtsbezirken und in den Schutzgebieten bestellten Gerichte, da ihnen vom Reiche

die regelmäßige Ausübung der Gerichtsbarkeit für ihre Bezirke übertragen ist.

5. Auf das Verfahren vor den im § 2 bezeichneten Gerichten finden die Vorschriften der Zivilprozeßordnung, insbesondere auch die §§ 248 bis 250, 252 Anwendung.*) Es bedarf daher hier nur der Regelung der Voraussetzungen für die Unterbrechung oder Aussetzung und für die Aufnahme des Verfahrens. Die Wirkungen der Unterbrechung, die Rechtsbehelfe gegen ein während der Unterbrechung zu Unrecht erlassenes Urteil, die Form der Aufnahme des Verfahrens usw. regeln sich nach der Zivilprozeßordnung. Ebenso ist aus den Vorschriften der Zivilprozeßordnung zu entnehmen, was unter der Unterbrechung des „Verfahrens" zu verstehen sei, ob und inwieweit hierunter das Mahnverfahren, das Verfahren, betreffend die Anordnung eines Arrestes, usw. fallen, ferner inwieweit die als Streitgenossen, Nebenintervenienten usw. an dem Rechtsstreit Beteiligten für die Frage der Unterbrechung oder des Fortganges des Verfahrens den Parteien im engeren Sinne gleichzustellen sind.

6. Wann die Unterbrechung des Verfahrens beginnt, ergibt sich zur Genüge aus § 2 in Verbindung mit den §§ 1 und 12. In den bei Verkündung des Gesetzes anhängigen Rechtsstreitigkeiten beginnt die Unterbrechung, wenn eine Partei bereits zu einem mobilen Heeresteil usw. gehört, mit der Verkündung, wenn eine Partei erst später in ein solches Verhältnis tritt oder eine derartige Person erst später Partei wird, mit diesem Zeitpunkt. In keinem Falle sind die Wirkungen der Unterbrechung auf die Zeit vor der Verkündung des Gesetzes zurückzubeziehen, wenn der Kriegszustand auch bereits früher begonnen haben sollte. Eine solche Rückbeziehung ist nicht beabsichtigt, da sie wohlerworbene Rechte Dritter verletzen würde. Wird eine an dem Kriege beteiligte Person nach der Verkündung des Gesetzes verklagt, so tritt die Unterbrechung erst mit dem Zeitpunkt ein, in welchem der Rechtsstreit anhängig geworden ist. Die Erhebung der Klage, welche

*) Die §§ handeln von der Aussetzung des Verfahrens.

erst die Rechtshängigkeit begründet (ZPO. § 263), ist also zulässig und wirksam, was in den Worten des § 2 „oder anhängig werden" angedeutet ist, auch aus dem Begriffe der Unterbrechung folgt und daher einer weiteren Hervorhebung im Gesetze nicht bedarf. In der Regel wird die Erhebung der Klage tatsächlich unterbleiben, weil ein wirksames Urteil durch dieselbe einstweilen nicht erzielt werden kann und der § 8 des Entwurfs gegen den Ablauf der Verjährung und der für die Beschreitung des Rechtswegs vorgeschriebenen Ausschlußfristen sowie der Fristen, auf welche die Vorschriften des § 203 des Bürgerlichen Gesetzbuchs entsprechende Anwendung finden, sichert. Der Gläubiger kann jedoch auch aus anderen Gründen ein Interesse daran haben, die Klage schon während des Kriegszustandes zu erheben, und es liegt kein ausreichender Anlaß vor, dies zu verhindern. Überdies würde die Unzulässigkeit der Klageerhebung den Richter vor der Terminsbestimmung zu der oft schwierigen und in diesem Stadium mit dem jetzigen Prozeßverfahren nur schwer vereinbaren Prüfung der Frage nötigen, ob der Beklagte zu den im § 2 bezeichneten Personen gehört. Dem etwaigen Einwand, daß ein Verhandlungstermin nicht bestimmt werden dürfe, solange die Einlassungsfrist nicht läuft (ZPO. § 249 Abs. 1), steht die Erwägung entgegen, daß inzwischen die Unterbrechung des Verfahrens, namentlich durch Aufnahme seitens des Beklagten, beendigt werden kann (§ 4 des Entwurfs).

§ 3. Eine Unterbrechung des Verfahrens tritt nicht ein:

1. wenn die im § 2 bezeichnete Partei einen persönlichen Sicherheitsarrest erwirkt hat, insoweit es sich um die Entscheidung handelt, ob der Arrest aufrechtzuerhalten oder aufzuheben sei;
2. wenn die Partei durch einen Prozeßbevollmächtigten vertreten ist oder einen anderen zur Wahrnehmung ihrer Rechte berufenen Vertreter hat.

In den unter Nr. 2 bezeichneten Fällen hat das Prozeßgericht auf Antrag des Vertreters die Aussetzung des Verfahrens anzuordnen.

1. Der § 3 entspricht den Vorschriften im § 3 Nr. 1 und 2, § 4 Abs. 1 des Gesetzes vom 21. Juli 1870. Die Möglichkeit, einen persönlichen Sicherheitsarrest auch während des Kriegszustandes zu beseitigen, muß der von dem Arreste betroffenen Person im Interesse des Schutzes ihrer persönlichen Freiheit unbedingt gesichert werden. Haben die im § 2 bezeichneten Personen einen gewählten oder gesetzlichen Vertreter, welcher zur Wahrnehmung ihrer Rechte berufen ist, so liegt kein Grund zur Unterbrechung des Verfahrens vor. Diese Voraussetzung trifft jedoch nicht zu, wenn eine unter elterlicher Gewalt oder unter Vormundschaft oder Pflegschaft stehende Person sich nach dem bürgerlichen Rechte durch Verträge in beschränktem Umfang verpflichten kann und der Rechtsstreit eine solche Verpflichtung betrifft; denn in einem solchen Falle sind die Eltern oder der Vormund oder Pfleger zur Vertretung in dem betreffenden Rechtsstreit nicht berufen (ZPO. § 52 Abs. 1). Abgesehen von diesen Fällen greift die Ausnahmebestimmung unter Nr. 2 Platz ohne Rücksicht darauf, ob der Rechtsstreit die „eigenen Handlungen" der Partei betrifft oder nicht (vgl. § 3 Nr. 2 des Gesetzes vom 21. Juli 1870). Gehört der Vertreter gleichfalls zu den im § 2 bezeichneten Personen, so findet, sofern er eine prozeßunfähige Partei *gesetzlich* vertritt, der § 9 des Entwurfs Anwendung. Auch für die Fälle, in denen ein gewählter Vertreter zu jenen Personen gehört, die Unterbrechung anzuordnen, liegt kein ausreichender Anlaß vor; es darf angenommen werden, daß in solchen Fällen durch Stellung eines Aussetzungsantrags oder Beschaffung eines anderweiten Vertreters für die Interessen der Partei gesorgt werden wird.

2. In den Fällen unter Nr. 2 ist der Vertreter befugt, die Aussetzung des Verfahrens zu beantragen. Dem Antrag *muß* das Gericht stattgeben, wenn die vertretene Person zu einer der im § 2 bezeichneten Kategorien gehört. Ob der Vertreter sich trotz der Abwesenheit der Partei ausreichende Information verschaffen könnte, ist unerheblich; wollte man dem Gerichte die Befugnis zur Ablehnung des Antrags aus derartigen Gründen gewähren, so wurde es einer oft schwierigen Begründung des Antrags bedürfen und der Erfolg desselben stets zweifelhaft sein.

3. Die Ausnahmebestimmung im § 3 Nr. 3 des Gesetzes vom 21. Juli 1870 ist in den Entwurf nicht aufgenommen. Wenngleich die ihr zugrunde liegende Erwägung auch unter den gegenwärtigen Verhältnissen ihre Berechtigung haben mag, so ist doch die Bestimmung insofern bedenklich, als sie ihre Anwendbarkeit von dem Vorhandensein eines Pächters oder Verwalters auf dem Gute abhängig macht, und ohne wesentliche praktische Bedeutung, weil der Pächter oder Verwalter jederzeit in der Lage wäre, die Aussetzung des Verfahrens durch seinen Antrag herbeizuführen. Wollte man aber die Vorschrift über die Nichtaussetzung des Verfahrens auf alle Grundeigentümer ausdehnen, so würde hierin eine nicht zu rechtfertigende Benachteiligung der Militärpersonen gegenüber dem Vorgang vom Jahre 1870 liegen.

§ 4. Die Unterbrechung oder Aussetzung des Verfahrens hört auf:

1. mit der Beendigung des Kriegszustandes;
2. vor diesem Zeitpunkt mit der Aufnahme des Verfahrens durch die im § 2 bezeichnete Partei (Zivilprozeßordnung § 250).

Erfolgt die Aufnahme durch die Partei nicht bis zum Ablauf eines Monats seit der Beendigung des nach § 2 maßgebenden Verhältnisses, so kann die Partei zur Aufnahme und zugleich zur Verhandlung der Hauptsache geladen werden. Erscheint sie in dem Termine nicht und wird der Ablauf der für die Aufnahme festgesetzten Frist glaubhaft gemacht, so ist auf Antrag die Beendigung des nach § 2 maßgebenden Verhältnisses als zugestanden anzunehmen und zur Hauptsache zu verhandeln.

1. Die Bestimmungen des Entwurfs über die Beendigung der Unterbrechung und Aussetzung des Verfahrens weichen insofern vom § 7 des Gesetzes vom 21. Juli 1870 ab, als der Entwurf gegenüber den die Aufnahme verzögernden Personen während des Kriegszustandes ein besonderes Aufnahmeverfahren vorschreibt. Hierdurch wird der Zeitpunkt, mit welchem die Unterbrechung und Aussetzung endet, in einer für den Gegner kenntlichen Weise fixiert und der Gegner, welcher häufig von der Beendigung des nach § 2 maßgebenden Verhältnisses nicht sofort Kenntnis erlangen wird, vor der Gefahr geschützt, die nach § 249 Abs. 1 der Zivilprozeßordnung von der Beendigung der Unterbrechung oder Aussetzung ab von neuem laufenden Fristen zu versäumen. Das Aufnahmeverfahren ist den im § 239 der Zivilprozeßordnung für den Fall des Todes einer Partei erlassenen Vorschriften nachgebildet. Nach den für diesen Fall geltenden Grundsätzen richtet sich daher auch das Verfahren, wenn eine Verhandlung zur Hauptsache nicht erforderlich ist, und es sich nur darum handelt, durch die Aufnahme des Verfahrens eine Frist in Lauf zu setzen. Für das Versäumnisverfahren ist die Glaubhaftmachung vorgeschrieben, weil mit der Möglichkeit gerechnet werden muß, daß die zur Aufnahme geladene Person tatsächlich noch zu den im § 2 bezeichneten Personen gehört, aber nicht in der Lage ist, dies im Termine geltend zu machen.

2. Das Gesetz vom 21. Juli 1870 bestimmt am Schlusse des § 7, daß, wenn die Fortsetzung des Verfahrens von der Militärperson beantragt ist, die Einstellung auch in bezug auf eine gegen die Militärperson erhobene Widerklage endet. Der Entwurf enthält keine entsprechende Vorschrift. Solange die Widerklage in demselben Prozesse mit der Klage verhandelt wird, ist die Militärperson nicht in der Lage, die Aufnahme auf die Klage zu beschränken. Dagegen würde sie allerdings hierzu imstande sein, wenn das Gericht die Verhandlung in getrennten Prozessen gemäß § 145 Abs. 2 der Zivilprozeßordnung angeordnet hat. Für diese Fälle darf aber angenommen werden, daß das Gericht unbilligen Härten für den Gegner durch Verbindung der Prozesse auf Grund des § 150 der Zivilprozeßordnung vorbeugen wird.

3. Der im Wortlaut des Gesetzes angezogene § 250 ZPO. lautet: „Die Aufnahme eines unterbrochenen oder ausgesetzten Verfahrens und die in diesem Titel erwähnten Anzeigen erfolgen durch Zustellung eines Schriftsatzes."

§ 5. Die Zwangsvollstreckung gegen die im § 2 bezeichneten Personen wegen privat-rechtlicher und öffentlich-rechtlicher Geldforderungen unterliegt folgenden Beschränkungen:

1. Die Versteigerung und die anderweite Verwertung beweglicher körperlicher Sachen ist unzulässig. Die Vollstreckungsbehörde kann jedoch auf Antrag oder von Amts wegen anordnen, daß eine verbrauchbare Sache oder eine Sache, die der Gefahr einer beträchtlichen Wertsverringerung ausgesetzt ist oder deren Aufbewahrung unverhältnismäßige Kosten verursachen würde, versteigert und der Erlös hinterlegt oder zur Befriedigung des Gläubigers an diesen abgeführt werde.

   Die Ablieferung von gepfändetem Gelde an den Gläubiger wird hierdurch nicht ausgeschlossen.
2. Die Versteigerung von Gegenständen, welche der Zwangsvollstreckung in das unbewegliche Vermögen unterliegen, ist unzulässig.

Die vorstehenden Bestimmungen finden auch Anwendung auf Zwangsvollstreckungen in das Vermögen der Ehefrauen und Kinder der im § 2 bezeichneten Personen, insoweit die Zwangsvollstreckung die Vermögensrechte berührt, die dem Ehemann auf Grund des ehelichen Güterrechts oder die den Eltern auf Grund der elterlichen Gewalt zustehen.

1. Die Vorschriften über die Unterbrechung und Aussetzung des Verfahrens stehen an sich der Zwangsvollstreckung gegen die

am Kriege beteiligten Personen auf Grund der vollstreckbaren Titel, welche bereits bei Verkündung des Gesetzes erworben sind oder später erlangt werden, nicht entgegen. Die unbeschränkte Zulassung der Zwangsvollstreckung würde aber unter Umständen zu großen Härten gegen die genannten Personen führen, da ihnen durch die Abwesenheit von der Heimat die Geltendmachung von Einwendungen (ZPO. §§ 732, 766, 767) und die Beschaffung der Mittel zur Befriedigung begründeter Ansprüche erschwert wird. Anderseits verbietet die Rücksicht auf die Gläubiger die völlige Ausschließung der Zwangsvollstreckung. Bei Abwägung der sich entgegenstehenden Interessen erscheint es zunächst geboten, die Versteigerung beweglicher körperlicher Sachen grundsätzlich zu verbieten. Denn erfahrungsmäßig wird bei diesen Versteigerungen ein dem wahren Werte entsprechender Erlös selten erzielt; dem Schuldner erwächst daher durch die Versteigerung unter Umständen ein erheblicher Schaden, den er bei Aussetzung der Versteigerung bis zu seiner Rückkehr möglicherweise noch abwenden kann. In den Fällen indessen, in denen es sich um verbrauchbare Sachen (§ 92 des Bürgerlichen Gesetzbuchs) oder um Sachen handelt, die der Gefahr einer beträchtlichen Wertsverringerung ausgesetzt sind oder deren Aufbewahrung unverhältnismäßige Kosten verursacht, würde eine Hinausschiebung des Versteigerungstermins durchaus nicht immer dem Interesse des Schuldners entsprechen. In solchen Fällen stellt es der Entwurf daher nach dem Vorbild des § 930 Abs. 3 der Zivilprozeßordnung in das Ermessen der Vollstreckungsbehörde, auf Antrag oder von Amts wegen anzuordnen, daß die gepfändeten Sachen versteigert, der Erlös hinterlegt oder zur Befriedigung des Gläubigers an diesen abgeführt werde. Eine den Schuldner gegen die Entziehung des Gewahrsams der gepfändeten Sachen schützende Vorschrift, wie sie der § 12 Nr. 1 des Gesetzes vom 21. Juli 1870 enthielt, erscheint im Hinblick auf den § 808 Abs. 2 der Zivilprozeßordnung entbehrlich.

2. Bezüglich der Zwangsvollstreckung in Geld und in Forderungen genügen ebenfalls die Beschränkungen, welche bereits

in den bestehenden Gesetzen begründet sind (vgl. u. a. ZPO. § 811 Nr. 8, § 850 Abs. 1 Nr. 5, 6). Mit Rücksicht auf diese Beschränkungen kann namentlich auch von einer dem § 12 Nr. 3 des Gesetzes vom 21. Juli 1870 entsprechenden Vorschrift abgesehen werden. Da das Geld zu den beweglichen körperlichen Sachen auch im Sinne der §§ 808 ff. der Zivilprozeßordnung gehört, ist zur Vermeidung von Mißverständnissen die Anwendbarkeit der im § 5 des Entwurfs unter Nr. 1 festgesetzten Beschränkungen ausdrücklich ausgeschlossen worden.

3. Unter Nr. 2 wird ferner die Versteigerung von Gegenständen des unbeweglichen Vermögens (ZPO. §§ 864, 865) ausgeschlossen, da durch die Versteigerung dem Eigentümer häufig die Grundlage seiner wirtschaftlichen Existenz entzogen werden würde.

4. Die Rechte an Gegenständen, welche bei anderen Personen der Zwangsvollstreckung unterworfen werden (ZPO. §§ 771 805), können im allgemeinen von Amts wegen nicht berücksichtigt werden. Das Gesetz vom 21. Juli 1870 macht in dieser Beziehung Ausnahmen im § 9 zugunsten der Hauptintervenienten und im § 13 Abs. 2 Nr. 3 zugunsten des Ehemanns und Vaters. Die Rechte der Hauptintervenienten werden indessen in der Regel auf Grund der §§ 65, 148 der Zivilprozeßordnung schon vor der Zwangsvollstreckung genügend gewahrt werden können. Dagegen empfiehlt es sich, im zweiten Punkte dem Vorgang vom Jahre 1870 zu folgen. Allerdings gewährt das Bürgerliche Gesetzbuch abweichend von den früher in dem größten Teile Deutschlands geltenden Vorschriften dem Vater nicht mehr das Recht, auf Grund der elterlichen Nutznießung der Zwangsvollstreckung in das Kindesvermögen zu widersprechen (§ 1659 des Bürgerlichen Gesetzbuchs, § 746 der Zivilprozeßordnung). Auch der Ehemann kann nach den Vorschriften des Bürgerlichen Gesetzbuchs auf Grund des ehelichen Güterstandes in der Regel keine Einwendungen gegen die Zwangsvollstreckung in das eingebrachte Gut oder in das Gesamtgut erheben. Gleichwohl erscheint es nicht angängig, während der Abwesenheit des zum Kriegsdienst

einberufenen Ehemanns oder Vaters der Zwangsvollstreckung in das Vermögen der Ehefrau oder der Kinder freien Lauf zu lassen. Denn wenn auch dem Vater oder Ehemanne Rechtsbehelfe gegen die Zwangsvollstreckung in das Vermögen der Ehefrau oder der Kinder in der Regel nicht zustehen, so ist doch zu berücksichtigen, daß es ihm, wenn der Kriegsdienst ihn nicht von der Heimat fern hielte, häufig gelingen würde, die zur Befriedigung der Gläubiger erforderlichen Mittel zu beschaffen oder die Zwangsversteigerung auf andere Weise abzuwenden. Es würde daher nicht nur für die zur mobilen Armee eingezogenen Personen, sondern in vielen Fällen auch für deren Familien eine schwere wirtschaftliche Schädigung bedeuten, wenn die Habe der Ehefrau und der Kinder während der Abwesenheit des Ernährers dem Zugriffe der Gläubiger schutzlos preisgegeben würde. Diese Erwägungen lassen es geboten erscheinen, die Durchführung der Zwangsvollstreckung auch in das Vermögen der Ehefrauen und der unter elterlicher Gewalt stehenden Kinder der im § 2 bezeichneten Personen, insoweit dadurch die Vermögensrechte des Ehemanns oder der Eltern berührt werden, einzuschränken und die Vorschriften unter Nr. 1 und 2 für anwendbar zu erklären. Wenn auch der Gerichtsvollzieher selten in der Lage sein wird, gegebenenfalls aus eigener Initiative mit Rücksicht auf die ihm meistens unbekannten Vermögensrechte des Ehemanns und Vaters von der Zwangsvollstreckung Abstand zu nehmen, so wird doch durch eine derartige Vorschrift die Möglichkeit gewährt, diese Rechte auf jede Anregung von dritter Seite zu berücksichtigen, auch wenn die Geltendmachung seitens eines nicht legitimierten Vertreters und nicht in der sonst gesetzlich vorgeschriebenen Form erfolgt.

5. Die Vorschrift, wonach der Gewahrsam an beweglichen körperlichen Sachen dem Schuldner in der Regel zu belassen ist, findet auch auf die Vollziehung des Arrests Anwendung. Eine ausdrückliche Bestimmung hierüber, wie sie das Gesetz vom 21. Juli 1870 im letzten Satze des § 10 enthält, ist mit Rücksicht auf den § 928 der Zivilprozeßordnung nicht erforderlich.*)

*) Der Paragraph lautet: „Auf die Vollziehung des Arrestes finden die

6. Da der § 5 eine dem § 2 entsprechende Beschränkung auf das Verfahren bei bestimmten Behorden nicht enthält, gelten die hier festgesetzten Beschränkungen für jede Art der Zwangsvollstreckung, namentlich auch für das von den Verwaltungsbehörden innerhalb ihrer Zuständigkeit betriebene Zwangsvollstreckungsverfahren. An Stelle des Gerichtsvollziehers und des Vollstreckungsgerichts treten alsdann die mit den gleichartigen Amtsverrichtungen betrauten Beamten und Behörden.

§ 6. Die Eröffnung des Konkursverfahrens über das Vermögen der im § 2 bezeichneten Personen ist nur auf deren Antrag zulässig.

Ist das Konkursverfahren über das Vermögen einer solchen Person eröffnet, so kann das Konkursgericht auf den Antrag des Gemeinschuldners die Aussetzung des Verfahrens anordnen.

Die Aussetzung hört auf:

1. mit der Beendigung des Kriegszustandes;
2. vor diesem Zeitpunkt mit einem die Fortsetzung des Verfahrens anordnenden Beschlusse des Gerichts. Der Beschluß erfolgt auf den Antrag des Gemeinschuldners oder nach Anhörung desselben auf den Antrag des Verwalters oder eines Konkursgläubigers. Die Fortsetzung des Verfahrens ist anzuordnen, wenn sie vom Gemeinschuldner oder nach Ablauf der im § 4 Abs. 2 festgesetzten Frist vom Verwalter oder von einem Konkursgläubiger beantragt wird.

Der die Aussetzung und der die Fortsetzung des Verfahrens anordnende Beschluß sowie der Grund der Anordnung sind öffentlich bekannt zu machen.

Vorschriften über die Zwangsvollstreckung entsprechende Anwendung, soweit nicht die nachfolgenden Paragraphen (der ZPO.) abweichende Bestimmungen enthalten."

1. Das Gesetz vom Jahre 1870 enthält bezüglich des Konkursverfahrens über das Vermögen der Militärpersonen keine ausdrücklichen Bestimmungen. Ob hieraus zu folgern sei, daß jenes Gesetz die Eröffnung und die Fortsetzung des Konkursverfahrens unbeschränkt zulassen wollte, kann hier dahingestellt bleiben. Jedenfalls erheischt der Zweck, den der Entwurf verfolgt, auch nach dieser Richtung besondere Maßregeln, da der Konkurs in die Rechtslage des Schuldners bei weitem tiefer eingreift als die Zwangsvollstreckung. Mit Rücksicht hierauf erscheint es zunächst geboten, die Eröffnung des Konkursverfahrens nur auf den Antrag des Schuldners zuzulassen, wenngleich der hierin liegende Eingriff in die Rechte der Gläubiger, insbesondere auch die Beschränkung des Anfechtungsrechts, unter Umständen erhebliche Nachteile für die Gläubiger zur Folge haben wird.

2. Auch die Fortsetzung eines anhängigen Konkursverfahrens kann mit unbilligen Härten für den Gemeinschuldner verknüpft sein, wenn er infolge der Einberufung zum mobilen Heere verhindert ist, seine Rechte wahrzunehmen. Der Entwurf gewährt daher dem Gerichte die Befugnis zur Aussetzung des Verfahrens auf den Antrag des Gemeinschuldners. Diese Befugnis erstreckt sich auf jedes anhängige Konkursverfahren, mag es vor der Verkündung des Gesetzes oder vor der Begründung des nach § 2 maßgebenden Verhältnisses oder später zufolge der Vorschrift im § 6 Abs. 1 auf den Antrag des Gemeinschuldners eröffnet sein.

3. Daß der Fortsetzung des ausgesetzten Verfahrens während des Kriegszustandes stets ein die Fortsetzung verordnender Beschluß des Gerichts vorangehen muß, bedarf keiner weiteren Begründung. Diese Anordnung ist, wenn sie vom Gemeinschuldner beantragt wird, stets zu erlassen. Dem Antrag des Verwalters oder eines Konkursgläubigers muß das Gericht stattgeben, wenn der Gemeinschuldner vor Beendigung des Kriegszustandes aus dem nach § 2 maßgebenden Verhältnis ausgeschieden und seitdem ein Monat verstrichen ist; andernfalls liegt die Entscheidung über den Antrag im Ermessen des Gerichts.

§ 7. Die Eröffnung und die Fortsetzung eines Konkurs-, Aufgebots- oder Verteilungsverfahrens sowie die Anordnung und die Fortsetzung einer Zwangsversteigerung oder Zwangsverwaltung von Gegenständen des unbeweglichen Vermögens wird, unbeschadet der Vorschriften in den §§ 5, 6, durch die Beteiligung der im § 2 bezeichneten Personen als Gläubiger oder anderweit Berechtigte nicht berührt.*) Es gelten jedoch hierbei folgende Bestimmungen:

---

*) Einer Anregung der Ältesten der Kaufmannschaft von Berlin, mit Rücksicht auf die durch den Krieg herbeigeführte Wirtschaftslage die Zwangsversteigerungen von Grundstücken nach Möglichkeit überhaupt hinauszuschieben, ist vom preußischen Justizminister entsprochen worden. Offiziell wurde folgendes mitgeteilt:

„In dem am 4. August von dem Reichstag angenommenen Gesetze betreffend den Schutz der infolge des Krieges an der Wahrnehmung ihrer Rechte behinderten Personen, ist die Versteigerung von Gegenständen, die der Zwangsvollstreckung in das unbewegliche Vermögen unterliegen, insofern erheblichen Beschränkungen unterworfen, als sie sich gegen Militärpersonen richtet oder Militärpersonen bei ihr beteiligt sind. Aber auch darüber hinaus sind wirtschaftliche Schäden nicht nur einzelner Beteiligter, sondern auch der Allgemeinheit möglich, wenn der Versteigerungstermin in der gegenwärtigen Zeit abgehalten wird. Soweit ein Versteigerungstermin bisher noch nicht anberaumt ist, gibt der § 36 Absatz 2 des Zwangsversteigerungsgesetzes dem Vollstreckungsgerichte die Handhabe zu prüfen, ob nicht besondere Gründe dafür vorliegen, den Zeitraum zwischen der Anberaumung des Termins und dem Termine so zu bemessen, daß die Entstehung von Schäden der erwähnten Art vermieden wird. Aus dem gleichen Grunde kommt auch eine Vertagung eines bereits angesetzten Versteigerungstermins in Frage. Daß eine solche Vertagung — wenn auch nur in außergewöhnlichen Fällen — zulässig ist, hat das Reichsgericht in dem Urteile vom 27. Februar 1914 (Warneyers Jahrb. d. Entsch., Erg.Bd. 1914 S. 265), siehe auch das Urteil des Reichsgerichts vom 25. April 1911 (JW. 1911 S. 599), anerkannt."

Weitere Beschlüsse des Bundesrats zur Verhütung des Konkurses siehe am Schluß.

1. Ist gegen diese Personen ein Versäumnis- oder ein Ausschlußurteil ergangen oder sind sie infolge ihrer Abwesenheit sonstwie als säumig behandelt oder mit ihren Rechten ausgeschlossen worden, so können sie binnen sechs Monaten nach Beendigung des Kriegszustandes oder des nach § 2 maßgebenden Verhältnisses, soweit es in dem Verfahren noch möglich ist, die versäumten Handlungen nachholen und ihre Ansprüche geltend machen oder, soweit dies nicht mehr möglich ist, von demjenigen, zu dessen Gunsten die Rechtsänderung eingetreten ist, die Herausgabe des erlangten Vorteils nach den Vorschriften über die Herausgabe einer ungerechtfertigten Bereicherung verlangen.

Ist ein Recht von einer der im § 2 bezeichneten Personen angemeldet oder ist anzunehmen, daß ein solches ihr zusteht, so wird ihr dasselbe in der betreffenden Entscheidung oder Verfügung ausdrücklich vorbehalten.

2. Ergibt sich bei einer vorzunehmenden Verteilung, daß eine solche Person eine bei der Verteilung zu berücksichtigende Forderung angemeldet hat, oder daß eine derartige Forderung ihr mutmaßlich zusteht, so muß bei der Verteilung so verfahren werden, als wenn die Forderung und das für sie in Anspruch genommene oder anscheinend begründete Vorrecht endgültig festgestellt wäre. Die auf die Forderung fallenden Beträge sind zu hinterlegen.

3. Ergibt sich bei der Zwangsversteigerung eines Gegenstandes des unbeweglichen Vermögens nach Beendigung der Versteigerung, daß eine der

im § 2 bezeichneten Personen wegen einer Forderung, für welche die Zwangsversteigerung betrieben wird oder der Gegenstand der Zwangsversteigerung dinglich haftet oder die ein Recht auf Befriedigung aus dem Grundstück gewährt oder wegen einer Grundschuld oder einer Rentenschuld durch das Meistgebot nicht gedeckt wird, so kann der Zuschlag versagt und ein neuer Versteigerungstermin bestimmt werden, sofern die Umstände die Annahme begründen, daß ein höheres, zur gänzlichen oder teilweisen Befriedigung genügendes Gebot erfolgen werde.

4. Die Bestimmungen unter Ziffer 1—3 gelten nicht zugunsten derjenigen Personen, welche einen zur Wahrnehmung ihrer Rechte berufenen Vertreter haben.

1. Der § 7 bezweckt, entsprechend den gleichartigen Vorschriften im § 11 des Gesetzes vom 21. Juli 1870, die am Kriege beteiligten Personen gegen die Nachteile, welche im Konkursverfahren usw. nach den gesetzlichen Regeln den Interessenten bei nicht rechtzeitiger Anmeldung und Verfolgung ihrer Rechte erwachsen, insoweit zu sichern, als dies ohne gänzliche Hemmung der fraglichen Rechtsangelegenheiten möglich ist. Da die in Betracht kommenden gesetzlichen Vorschriften hinsichtlich der Voraussetzungen des Rechtsverlustes und der Wirkungen der Säumnis überaus verschieden sind, mußte sich der Entwurf im Anschluß an das Gesetz vom Jahre 1870 auf die Aufstellung allgemeiner Grundsätze beschränken, deren Anwendung im einzelnen sich nach den für das betreffende Verfahren geltenden Vorschriften richtet. Insbesondere können darüber, gegen wen die unter Nr. 1 gewährte Klage zu richten sei und wie sich das Verfahren in den unter Nr. 2 geregelten Fällen im einzelnen gestalte, nähere Bestimmungen nicht getroffen werden. Der Entwurf mußte sich daher darauf beschränken hervorzuheben, daß die am Kriege beteiligten Personen, soweit das in dem Verfahren noch möglich ist, die versäumten Handlungen nachholen können und auf die ihnen gewährte Klage nur in den Fällen angewiesen sind, in denen sie ihre Ansprüche nach der Lage des Verfahrens in diesem selbst nicht mehr geltend machen können.

2. Materielle Abweichungen von dem früheren Gesetz enthält der Entwurf nur unter Nr. 3 und 4. Unter Nr. 3 sind den durch eine Hypothek gesicherten Forderungen alle sonstigen Forderungen, für welche der Gegenstand der Zwangsversteigerung dinglich haftet oder die ein Recht auf Befriedigung aus dem Grundstück gewähren, z. B. die Forderungen, für welche an einem der Zwangsversteigerung unterliegenden Schiffe ein Pfandrecht besteht oder die im § 10 Nr. 2 des Gesetzes über die Zwangsversteigerung und die Zwangsverwaltung vom 24. März 1897 (Reichs-Gesetzbl. S. 97) bezeichneten Forderungen sowie die Grundschulden und Rentenschulden gleichgestellt worden, weil kein Anlaß zu einer abweichenden Behandlung dieser Rechte vorliegt. Unter Nr. 4 sind auch die prozeßfähigen Personen von den unter Nr. 1 bis 3 gewährten Vorteilen für den Fall ausgeschlossen worden, daß sie einen Vertreter bestellt haben, da dieser in der Lage ist, ihre Rechte wahrzunehmen.

§ 8. Die Verjährung ist gehemmt zugunsten der im § 2 bezeichneten Personen und ihrer Gegner bis zur Beendigung des Kriegszustandes oder des nach § 2 maßgebenden Verhältnisses.

Das Gleiche gilt von den gesetzlich für die Beschreitung des Rechtswegs vorgeschriebenen Ausschlußfristen sowie von den Fristen, auf welche die Vorschriften des § 203 des Bürgerlichen Gesetzbuchs ganz oder teilweise entsprechende Anwendung finden.

1. Die Bestimmung im ersten Absatz entspricht dem § 14 des Gesetzes vom 21. Juli 1870. Aus der Fassung des Entwurfs geht hervor, daß die Verjährung nur während des Bestehens des nach § 2 maßgebenden Verhältnisses gehemmt sein soll. Die Hemmung beginnt daher mit der Verkündung des Gesetzes, wenn bereits in diesem Zeitpunkt das maßgebende Verhältnis begründet ist, andernfalls erst mit dem Zeitpunkt, in welchem dieses Verhältnis eintritt. Ebenso hört die Hemmung mit der Beendigung des maßgebenden Verhältnisses, spätestens aber mit der Beendigung des Kriegszustandes auf. Von diesem Zeitpunkt ab läuft die von der Hemmung begonnene Verjährung fort. Daß von der Verkündung des Gesetzes bis zur Beendigung des Kriegszustandes auch eine neue Verjährung nicht beginnen kann, solange das nach § 2 maßgebende Verhältnis besteht, bedarf keiner ausdrücklichen Bestimmung.

2. Im zweiten Absatz ist bestimmt, daß während des aus dem ersten Absatz sich ergebenden Zeitraums auch die gesetzlich für die Beschreitung des Rechtswegs vorgeschriebenen Ausschlußfristen sowie die Fristen, auf welche die Vorschriften des § 203 des Bürgerlichen Gesetzbuchs entsprechende Anwendung finden, nicht laufen sollen. Dadurch werden die Ausschlußfristen, deren Beginn und Lauf nach den Vorschriften des Bürgerlichen Gesetzbuchs ebenso wie die Verjährung durch höhere Gewalt gehemmt werde (vgl. §§ 124 Abs. 2, 210, 215 Abs. 2, 477 Abs. 2, 802, 1002, 1599, 1997 des Bürgerlichen Gesetzbuchs u. a.), den Verjährungsfristen gleichgestellt. Für diese Vorschrift sprechen die gleichen Erwägungen, welche die Hemmung der Verjährung rechtfertigen. Eine weitere Ausdehnung auf die sonstigen Ausschlußfristen erscheint bedenklich, weil sie in das materielle Recht allzu tief eingreifen würde.

§ 9. Die Bestimmungen dieses Gesetzes, mit Ausnahme der in den §§ 5, 6 enthaltenen Vorschriften, finden entsprechende Anwendung auf diejenigen natürlichen Personen, welche durch eine im § 2 bezeichnete Person gesetzlich vertreten werden, sofern sie nicht prozeßfähig sind.

Soll eine solche Person verklagt oder soll der Rechtsstreit gegen sie fortgesetzt werden, so kann ihr der Vorsitzende des Prozeßgerichts, falls mit dem Verzuge Gefahr verbunden ist, auf Antrag einen besonderen Vertreter bestellen. Ist der Rechtsstreit bei der Bestellung des besonderen Vertreters bereits anhängig, so endet mit der Bestellung desselben die Unterbrechung des Verfahrens. Der besondere Vertreter ist zu dem Antrag auf Aussetzung des Verfahrens nicht befugt.

1. Der § 9 regelt, entsprechend dem § 13 des Gesetzes von 1870, die Fälle, in denen eine am Kriege beteiligte Person gesetzlicher Vertreter ist. Entscheidend ist hier allein das Hindernis in der Person des Vertreters; die Bestimmung findet daher Anwendung ohne Rücksicht darauf, ob auch der Vertretene zu den im § 2 bezeichneten Personen gehört. Selbstverständlich gilt sie in den Fällen des § 8 auch zugunsten der Gegner der im ersten Absatz des § 9 bezeichneten Personen.

2. Ausgenommen sind nur die Vorschriften in den §§ 5, 6 über die Zwangsvollstreckung und das Konkursverfahren. In ersterer Beziehung enthält auch das Gesetz von 1870 in § 13 Abs. 2 Nr. 3 nur eine besondere Bestimmung zugunsten der Vermögensrechte des Ehemanns und Vaters, welche in den § 5 des Entwurfs als dorthin gehörig übernommen ist. Bezüglich des Konkursverfahrens liegt ein wesentliches Bedürfnis zur besonderen Fürsorge nicht vor, da dem Gemeinschuldner in der Regel ein besonderer Vertreter vom Vormundschaftsgerichte bestellt werden wird, wenn der gesetzliche Vertreter infolge seiner Beteiligung am Kriege zur Wahrnehmung der Rechte nicht imstande ist.

3. Die im § 13 des Gesetzes von 1870 unter Nr. 2 des zweiten Absatzes enthaltenen Ausnahmen erledigen sich zum Teil durch die im § 52 Abs. 2 der Zivilprozeßordnung reichsgesetzlich geordnete Prozeßfähigkeit der unter väterlicher Gewalt stehenden großjährigen Personen und der Ehefrauen. Soweit dies nicht der Fall ist, erscheinen sie entbehrlich infolge der dem § 57 der Zivilprozeßordnung nachgebildeten Bestimmung des Entwurfs, wonach für alle Rechtsstreitigkeiten bei Gefahr im Verzuge den im ersten Absatz bezeichneten Personen ein besonderer Vertreter bestellt werden kann. Soll diese Bestimmung praktische Bedeutung gewinnen, so ist es geboten, die Anwendbarkeit des § 3 Abs. 2 ausdrücklich auszuschließen: es erscheint dies auch unbedenklich, da die Bestellung des Vertreters fakultativ, der Richter also in der Lage ist, von der ihm eingeräumten Befugnis nur in den hierzu geeigneten Fällen Gebrauch zu machen. Eine besondere Bestimmung über die Beendigung der Unterbrechung ist für diese Fälle erforderlich, um die Unanwendbarkeit der hier entbehrlichen Vorschriften des § 4 über das Aufnahmeverfahren außer Zweifel zu stellen.

§ 10. Die Bestimmungen dieses Gesetzes über die Unterbrechung und die Aussetzung des Verfahrens finden, sofern nicht das Landesrecht etwas anderes bestimmt, auch auf die bürgerlichen Rechtsstreitigkeiten Anwendung, welche bei den im § 14 des Gerichtsverfassungsgesetzes zugelassenen besonderen Gerichten anhängig sind oder anhängig werden. Die Landesregierungen sind befugt, ergänzende und abweichende Anordnungen im Verordnungswege zu erlassen.

1. Auch in dem Verfahren vor den im § 14 des Gerichtsverfassungsgesetzes zugelassenen besonderen Gerichten *) müssen die am Kriege beteiligten Personen vor den ihnen drohenden Rechtsnachteilen möglichst geschützt werden. Die Vorschriften über die Unterbrechung und Aussetzung des Verfahrens vor den ordentlichen Gerichten sind daher auf das Verfahren vor den be-

*) Es sind dies die folgenden: Gewerbegerichte, Kaufmannsgerichte; die auf Staatsverträgen beruhenden Rheinschiffahrts- und Elbzollgerichte; Gerichte, welchen die Entscheidung von bürgerlichen Rechtsstreitigkeiten bei der Ablösung von Gerechtigkeiten oder Reallasten, bei Separationen, Konsolidationen, Verkoppelungen, gutsherrlich-bäuerlichen Auseinandersetzungen und dergleichen obliegt, Gemeindegerichte.

zeichneten besonderen Gerichten für anwendbar zu erklären. Im Hinblick auf die von der Zivilprozeßordnung abweichende Regelung des Verfahrens in einzelnen Bundesstaaten ist indessen der Landesgesetzgebung die Befugnis vorzubehalten, die Anwendung dieses Gesetzes in dem Verfahren vor jenen Gerichten ganz auszuschließen oder durch besondere Vorschriften dem Landesrecht anzupassen.

§ 11. Der Zeitpunkt, mit welchem der Kriegszustand als beendet anzusehen ist, wird durch Kaiserliche Verordnung bestimmt.

1. Die im Jahre 1870 und in Preußen bei früheren Gelegenheiten gemachten Erfahrungen haben gezeigt, daß mit dem Friedensschlusse das Bedürfnis nach besonderen Schutzmaßregeln für die Angehörigen des Heeres nicht unbedingt beseitigt wird. Anderseits wird es nicht unter allen Umständen geboten sein, die außerordentlichen Maßnahmen bis zur völligen Demobilmachung aufrechtzuerhalten. Sobald die Wiederherstellung des ordentlichen Zustandes möglich erscheint, wird im Interesse der Rechtssicherheit zu ihm zurückzukehren sein. Deshalb erscheint es zweckmäßig, die Bestimmung dieses Zeitpunkts, entsprechend dem Vorgang vom Jahre 1870, Kaiserlicher Verordnung zu überlassen.

§ 12. Dieses Gesetz tritt mit der Verkündung in Kraft.

IV.

Gesetz, betreffend Erhaltung von Anwartschaften aus der Krankenversicherung.

Vom 4. August 1914 (RGBl. S. 334).

Mitglieder von Krankenkassen werden, wenn sie zu Kriegs-, Sanitäts- oder ähnlichen Diensten einberufen sind, durch Unterbrechung ihrer Mitgliedschaft einer Reihe von Rechtsnachteilen ausgesetzt; dem Eintreten dieser Nachteile tunlichst vorzubeugen, ist der Zweck des vorliegenden Gesetzentwurfs. (Begr.)

§ 1. Dem regelmäßigen Aufenthalt im Inland im Sinne des § 313 Abs. 1 der Reichsversicherungsordnung gilt gleich ein Aufenthalt im Ausland, der durch Einberufung des Mitglieds zu Kriegs-, Sanitäts- oder ähnlichem Dienste verursacht ist.

1. § 313 Abs. 1 der RVO. bestimmt: „Scheidet ein Mitglied, das auf Grund der Reichsversicherung oder bei einer knappschaftlichen Krankenkasse in den vorangegangenen zwölf Monaten mindestens sechsundzwanzig Wochen oder unmittelbar vorher mindestens sechs Wochen versichert war, aus der versicherungspflichtigen Beschäftigung aus, so kann es in seiner Klasse oder Lohnstufe Mitglied bleiben, solange es sich regelmäßig im Inland aufhält und nicht nach § 312 ausscheidet (wenn er Mitglied einer anderen Kasse wird). Es kann in eine niedere Klasse oder Lohnstufe übertreten."

2. Ein längerer Aufenthalt im Ausland könnte nach § 313 Abs. 1 der Reichsversicherungsordnung das Erlöschen des Rechts auf Weiterversicherung zur Folge haben. Deshalb wird, um Zweifel auszuschließen, ein Aufenthalt im Ausland, der durch Einberufung des Mitglieds zu Kriegs-, Sanitäts- oder ähnlichen Diensten verursacht ist, dem inländischen Aufenthalt gleichgestellt. (Begr.)

§ 2. Hat die Satzung einer Krankenkasse eine Wartezeit für Leistungen bestimmt, so ruht der Fristenlauf für alle Versicherten, die während des gegenwärtigen Krieges Kriegs-, Sanitäts- oder ähnliche Dienste leisten. Ist die Wartezeit bereits erfüllt, so bedarf es nicht der Zurücklegung einer neuen Wartezeit. Die Zeit, für welche die Beiträge weiter gezahlt werden, wird auf die Wartezeit angerechnet.

1. Der erste Satz hat insbesondere die Fälle im Auge, daß durch die Satzung der Anspruch Versicherungsberechtigter auf Grund des § 207 der Reichsversicherungsordnung oder der Anspruch auf Mehrleistungen der Kasse auf Grund des § 208 der

Reichsversicherungsordnung von einer Wartezeit abhängig gemacht wird. Um zu verhüten, daß durch Dienstleistungen im gegenwärtigen Kriege einem Mitglied in dieser Hinsicht Nachteile entstehen, sollen für solche Versicherten, welche Kriegs-, Sanitäts- oder ähnliche Dienste leisten, bereits zurückgelegte Wartezeiten auf die satzungsmäßige Wartezeit angerechnet werden. So würde beispielsweise ein Versicherter, der von einer sechsmonatigen Wartezeit des § 208 bei der Einberufung zum Heer schon vier Monate zurückgelegt hat, bei dem Wiedereintritt in die früheren Verhältnisse nur noch eine zweimonatige Wartezeit zu erfüllen haben. (Begr.)

2. Für den Fall, daß die Wartezeit bereits erfüllt ist, sieht Satz 2 vor, daß es einer erneuten Wartezeit nicht mehr bedarf. (Begr.)

3. Satz 3 ermöglicht es dem ausscheidenden Versicherten, in gewissen Fällen, z. B. im Sanitätsdienst, durch Weiterzahlung der Beiträge eine schon begonnene, aber noch nicht abgelaufene Wartezeit während des Krieges zu ergänzen und dadurch beispielsweise den Anspruch auf die Mehrleistungen einer Angehörigenunterstützung zu erwerben. (Begr.)

§ 3. Versicherungsberechtigte, deren Mitgliedschaft nach § 314 Abs. 1 der Reichsversicherungsordnung erloschen ist, haben das Recht, binnen sechs Wochen nach ihrer Rückkehr in die Heimat in die Krankenversicherung wieder einzutreten, wenn sie während des gegenwärtigen Krieges Kriegs-, Sanitäts- oder ähnliche Dienste geleistet haben.

1. Versicherungsberechtigte, die Kriegs-, Sanitäts- oder ähnliche Dienste leisten, würden aus diesem Anlaß die Kassenmitgliedschaft endgültig verlieren, wenn sie zwei Mal hintereinander die Beiträge nicht entrichtet haben und die hierfür bestimmte gesetzliche Frist (§ 314 Abs. 1 der Reichsversicherungsordnung) in die Zeit nach Beginn dieser Dienstleistung hineinreicht. Um dies zu verhindern, gibt ihnen § 3 des Entwurfs die Befugnis, binnen sechs Wochen nach ihrer Rückkehr in die Heimat oder in ihre bisherigen Verhältnisse in die Krankenversicherung wieder einzutreten. Hiervon werden insbesondere kleine Gewerbetreibende Nutzen ziehen können, die vor dem Kriege über 2500, aber unter 4000 M. Einkommen hatten. (Begr.)

§ 4. Diese Vorschriften gelten nur für Reichsangehörige.

1. Die Geltung des Gesetzes wird auf Reichsangehörige beschränkt, weil keine Veranlassung vorliegt, seine Vergünstigungen auch Ausländern zugute kommen zu lassen. (Begr.)

§ 5. Der Bundesrat wird ermächtigt, den Zeitpunkt zu bestimmen, zu welchem dieses Gesetz wieder außer Kraft tritt.

1. Die Unmöglichkeit, in die Heimat oder in die bisherigen Verhältnisse zurückzukehren, kann für den Versicherten auch noch nach der tatsächlichen Beendigung des Krieges fortdauern, z. B. wenn der Versicherte in Kriegsgefangenschaft geraten ist und später zurückkehrt oder ähnliches. Daher wird dem Bundesrat die Ermächtigung erteilt, den Zeitpunkt zu bestimmen, zu welchem das Gesetz wieder außer Kraft treten soll. (Begr.)

§ 6. Das Gesetz tritt mit seiner Verkündung in Kraft.

V.

Gesetz, betreffend Ausnahmen von Beschäftigungsbeschränkungen gewerblicher Arbeiter.

Vom 4. August 1914 (RGBl. S. 333).

Der gegenwärtige Kriegszustand, der die gesamte männliche wehrpflichtige Bevölkerung Deutschlands zur Verteidigung des Vaterlandes erfordert, bringt tief einschneidende Veränderungen in der industriellen Erzeugung mit sich. Während für manche Industriezweige, namentlich solche, die für den Heeresbedarf und die Nahrungsmittelindustrie arbeiten, mindestens vorübergehend eine außergewöhnliche Häufung der Arbeit eintritt, ist für andere Industriezweige nach Möglichkeit Vorsorge zu treffen, daß sie nicht zum Stilliegen kommen. Um beiden Erfordernissen Rechnung zu tragen, insbesondere um der nicht zum Kriegsdienste herangezogenen männlichen und der weiblichen Bevölkerung in weitestgehendem Maße Beschäftigung zu sichern, müssen Ausnahmen von den Beschränkungen, die die Gewerbeordnung für die Beschäftigung von Arbeitern vorsieht, zugelassen werden.

Der Entwurf gibt dem Reichskanzler die Ermächtigung, allgemein Ausnahmen zuzulassen. Darüber hinaus sollen auch die höheren Verwaltungsbehörden befugt sein, auf Antrag im Einzelfall Ausnahmen zuzulassen. (Begr.)

§ 1. Für die Dauer des gegenwärtigen Krieges kann der Reichskanzler allgemein oder für bestimmte Bezirke oder für bestimmte Arten von Anlagen und, soweit er nicht Bestimmungen erläßt, die höhere Verwaltungsbehörde für einzelne Betriebe auf Antrag Ausnahmen von den in den §§ 135 bis 137a Abs. 2, 154a der Gewerbeordnung vorgesehenen Beschränkungen und von den auf Grund der §§ 120e, 120f, 139a der Gewerbeordnung vom Bundesrat erlassenen Bestimmungen gewähren.

1. Die §§ 135 bis 137a und 154a enthalten die Beschränkungen der Fabrikarbeit der Kinder, Jugendlichen und Frauen.

2. Die auf Grund der anderen angeführten Paragraphen erlassenen Bundesratsbestimmungen betreffen die hauptsächlichsten Arbeiterschutzvorschriften, namentlich in arbeitshygienischer Hinsicht.

§ 2. Der Bundesrat wird ermächtigt, den Zeitpunkt zu bestimmen, zu welchem dieses Gesetz wieder außer Kraft tritt.

§ 3. Dieses Gesetz tritt mit seiner Verkündung in Kraft.

VI.

Gesetz, betreffend die Wahlen nach der Reichsversicherungsordnung.

Vom 4. August 1914 (RGBl. S. 348).

Artikel 1. Der Bundesrat wird ermächtigt, die Amtsdauer der Vertreter der Unternehmer oder anderen Arbeitgeber sowie der Versicherten bei Versicherungsbehörden und Versicherungsträgern über den 31. Dezember 1914 hinaus bis spätestens zum 31. Dezember 1915 zu verlängern. Dies gilt auch für die nichtständigen Mitglieder des Reichsversicherungsamts. Für die nichtständigen Mitglieder der Landesversicherungsämter steht diese Befugnis den obersten Verwaltungsbehörden zu.

Artikel 2. Dieses Gesetz tritt mit seiner Verkündung in Kraft.

Nach Artikel 4 Abs. 2 des Einführungsgesetzes zur Reichsversicherungsordnung müssen die nach der Reichsversicherungsordnung erforderlichen Wahlen spätestens am 31. Dezember 1914 beendet sein. Diese Wahlen würden nach den bisher getroffenen Maßnahmen unter normalen Verhältnissen voraussichtlich überall rechtzeitig durchgeführt worden sein. Infolge der durch den Kriegszustand gegenwärtig eingetretenen Belastung der mit der Durchführung der Wahlen betrauten Behörden — in Preußen der unteren Verwaltungsbehörden und der Oberpräsidien — mit anderen dringlicheren Geschäften sind diese Behörden vielfach nicht in der Lage, die mit der Durchführung dieser Wahlen verbundene Arbeitslast zu bewältigen. Ferner kommt in Betracht, daß wegen der Einberufung einer großen Zahl der Wahlberechtigten zu den Fahnen eine jetzt vorgenommene Wahl unter Umständen kein getreues Bild von dem Willen der gesamten Wählerschaft geben würde. Um diesen Verhältnissen Rechnung zu tragen, schlägt der Entwurf vor, den Bundesrat zu ermächtigen, die Amtsdauer der Vertreter der Unternehmer oder anderen Arbeitgeber sowie der Versicherten bei Versicherungsbehörden und Versicherungsträgern da, wo ein Bedürfnis vorhanden ist, über den 31. Dezember 1914, aber nicht über den 31. Dezember 1915 hinaus zu verlängern. Den genannten Vertretern sind die nichtständigen Mitglieder des Reichsversicherungsamts wie in Artikel 4 des Einführungsgesetzes zur Reichsversicherungsordnung gleichgestellt. Bezüglich der nichtständigen Mitglieder der Landesversicherungsämter kann nach dem Vorgang des Artikel 4 Abs. 2 dieses Einführungsgesetzes die Befugnis den obersten Verwaltungsbehörden übertragen werden. (Begr.)

VII.

Gesetz, betreffend Sicherung der Leistungsfähigkeit der Krankenkassen.

Vom 4. August 1914 (RGBl. S. 337).

§ **1.** Für die Dauer des gegenwärtigen Krieges werden bei sämtlichen Orts-, Land-, Betriebs- und Innungskrankenkassen die Leistungen auf die Regelleistungen und die Beiträge auf 4½ vom Hundert des Grundlohns festgesetzt. Laufende Leistungen bleiben unberührt.

Das Versicherungsamt (Beschlußausschuß) kann auf Antrag des Vorstandes einer Krankenkasse verfügen, daß niedrigere Beiträge erhoben oder höhere Leistungen gewährt werden, wenn die Leistungsfähigkeit dieser Kasse gesichert ist. Das Versicherungsamt hat auf solchen Antrag alsbald zu beschließen. Auf Beschwerde entscheidet das Oberversicherungsamt endgültig.

§ **2.** Reichen bei einer Kasse diese Beiträge von 4½ vom Hundert des Grundlohns für die Regelleistungen und Verwaltungskosten nicht aus, so hat bei Orts- und Landkrankenkassen der Gemeindeverband, bei Betriebskrankenkassen der Arbeitgeber, bei Innungskrankenkassen die Innung die erforderlichen Beihilfen aus eigenen Mitteln zu leisten.

Solange dies bei einer Orts- oder Landkrankenkasse geschieht, kann der Gemeindeverband einem Vertreter das Amt des Kassenvorsitzenden übertragen.

Gemeindeverbände sind die von der obersten Verwaltungsbehörde auf Grund der Reichsversicherungsordnung § 111 Ziffer 2 hierzu bestimmten Verbände*).

§ 3. Für die Dauer des gegenwärtigen Krieges werden die Vorschriften der Reichsversicherungsordnung über die hausgewerbliche Krankenversicherung außer Kraft gesetzt. Laufende Leistungen und fällige Beiträge bleiben unberührt.

Auf übereinstimmenden Antrag der beteiligten Gemeinde oder des Gemeindeverbandes und des Vorstandes der Krankenkasse kann das Oberversicherungsamt genehmigen, daß die hausgewerbliche Krankenversicherung durch statutarische Bestimmung geregelt wird. Das Oberversicherungsamt entscheidet endgültig.

§ 4. Der Bundesrat wird ermächtigt, den Zeitpunkt zu bestimmen, zu welchem dieses Gesetz wieder außer Kraft tritt.

§ 5. Dieses Gesetz tritt mit dem Tage seiner Verkündung in Kraft.

Die amtliche Begründung führt dazu aus:

Es steht zu befürchten, daß im gegenwärtigen Kriege manche Krankenkassen leistungsunfähig werden, weil sie mit den eingezogenen Arbeitern gute Risiken und entsprechend hohe Beiträge einbüßen und weil ihnen infolge Arbeitslosigkeit Beiträge wegfalen, dagegen viele Krankheitsfälle zur Last fallen werden. Dies gilt besonders für neu errichtete Kassen, die naturgemäß noch keine größeren Rücklagen besitzen. Außerdem werden manche

*) Nach § 111 Z. 2 RVO. bestimmt die oberste Verwaltungsbehörde, welche Verbände als Gemeindeverbände zu gelten haben; eine einzelne Gemeinde gilt als Gemeindeverband im Sinne dieses Gesetzes nur dann, wenn es die oberste Verwaltungsbehörde bestimmt.

Krankenkassen vorübergehend zahlungsunfähig werden, weil sie nicht schnell genug genügende Barmittel werden auftreiben können. Für leistungsfähige Kassen haben nach der Reichsversicherungsordnung bei Orts- und Landkrankenkassen der Gemeindeverband, bei Betriebskrankenkassen der Arbeitgeber und bei Innungskrankenkassen die Innung aus eigenen Mitteln Beihilfen zu leisten. Diese Zuschußpflicht beginnt nach §§ 390, 391 der Reichsversicherungsordnung erst, wenn die Leistungen der Kassen auf die Regelleistungen vermindert sind und die Beiträge auf sechs vom Hundert des Grundlohns erhöht sind. Beides setzt Satzungsänderungen voraus, die auf dem normalen Wege der Beschlußfassung durch die Organe und der Genehmigung durch die Versicherungsbehörden nur unter beträchtlichem Zeitablauf erreichbar sind. In vielen Fällen werden daher die Kassen leistungsfähig geworden sein, ehe die Hilfe eintritt.

Für normale Zeiten, in denen derartige Fälle nur ausnahmsweise vorkommen, gibt § 391 dem Versicherungsamt die Befugnis, solche nötigen Satzungsänderungen durch Verfügung vorläufig anzuordnen. Dies ist indessen nur eine Möglichkeit, so daß keine Gewähr dafür besteht, ob die zurzeit mit anderen Geschäften überlasteten Behörden dies rechtzeitig in Angriff nehmen. Außerdem wird die Herabsetzung der Leistungen bei den Arbeitern schmerzlich empfunden werden. Dasselbe gilt für die Erhöhung der Beiträge für Arbeiter und Arbeitgeber. Bei zahlreichen beteiligten Versicherungsämtern würde es hierüber zu unliebsamen Erörterungen kommen, wodurch der Erlaß vorläufiger Verfügungen sich verzögern würde.

Die wichtigste Aufgabe, der gegenüber andere Erwägungen zurücktreten müssen, ist indessen die Vorsorge, daß die Krankenkassen ununterbrochen ihre Leistungen erfüllen können. Hierzu ist nötig, daß in jedem Falle, wo eine Kasse vorübergehend oder dauernd finanziell versagt, sofort der Gemeindeverband, der Arbeitgeber oder die Innung mit ihrer Zuschußpflicht einzutreten haben. Daher empfiehlt es sich, durch Reichsgesetz bei sämtlichen Kassen sofort die Leistungen auf die Regelleistungen herabzusetzen und ferner die Beiträge auf viereinhalb vom Hundert des Grundlohns zu erhöhen. Bei Landkrankenkassen ist in der Regel der Ortslohn als Grundlohn bestimmt (§ 481 der Reichsversicherungsordnung). Es erschien bedenklich, unter den erschwerten Erwerbsverhältnissen die Beiträge durch Gesetz allgemein auf sechs vom Hundert des Grundlohns zu erhöhen. Um trotzdem für leistungsunfähig gewordene Kassen den unmittelbaren Anschluß an die Zuschußpflicht zu erreichen, schreibt § 2 des Entwurfs vor, daß diese Zuschußpflicht bereits bei einer Beitragshöhe von viereinhalb vom Hundert des Grundlohns einzutreten hat, wenn bei einer Kasse die Regelleistungen und Verwaltungskosten nicht mehr durch diese Beiträge gedeckt werden. Die Verwaltungskosten sind nur der Deutlichkeit halber noch besonders aufgeführt worden. Wenn eine Kasse durch übereinstimmenden Beschluß der Arbeitgeber und Versicherten im Ausschuß bisher höhere Beiträge erhoben hat, werden sie hierdurch auf viereinhalb vom Hundert des Grundlohns ermäßigt. Entsprechend der Vorschrift der Reichsversicherungsordnung in den §§ 389, 390 hat der Gemeindeverband, solange er Beihilfen leistet, das Recht, das Amt des Kassenvorsitzenden durch einen Vertreter wahrnehmen zu lassen. Die Gemeindeverbände, wie die beteiligten Arbeitgeber und Innungen werden sich nötigenfalls auf diese Zuschußpflicht einzurichten haben, wenn sie auch durch Herabsetzung der Leistungen auf die Regelleistungen in größere Ferne gerückt ist. Natürlich bleibt § 211 der Reichsversicherungsordnung hiervon unberührt, so daß für Versicherungsfälle, die bereits eingetreten sind, die Leistungen nicht herabgesetzt oder vorzeitig eingestellt werden können.

Zweifellos sind viele Kassen so gestellt, daß sie auch bei niedrigeren Beiträgen und höheren Leistungen als die im § 1 vorgeschriebenen, nicht leistungsunfähig werden. Es besteht keine Veranlassung auch für diese Kassen jene Einschränkung Platz greifen zu lassen. Daher ist den Kassenvorständen die Befugnis gegeben, unter Nachweis ihrer Leistungsfähigkeit bei dem zuständigen Versicherungsamt zu beantragen, daß höhere Leistungen, z. B. die Familienversicherung, in Kraft bleiben und daß niedrigere Beiträge erhoben werden. Das Versicherungsamt hat solche Anträge umgehend zu erledigen und ihnen stattzugeben, wenn nach seiner Überzeugung die Leistungsfähigkeit gesichert ist. Wo Kassenvorstand und Versicherungsamt sofort diese Aufgabe in Angriff nehmen, können die gegenwärtigen Verhältnisse einer Kasse unverändert fortgeführt werden. Sollte im weiteren Verlauf die Leistungsfähigkeit solcher Kasse unsicher werden, so würde das Versicherungsamt auf Grund des § 391 der Reichsversicherungsordnung einzugreifen haben. Da das ganze Verfahren auf Schnelligkeit abgestellt sein muß, so ist vorgeschrieben, daß der Antrag vom Vorstand der Kasse und zwar in nicht getrennter Beschlußfassung der Vertreter der Arbeitgeber und der Versicherten im Vorstande zu stellen ist und daß Beschwerden vom Oberversicherungsamt endgültig entschieden werden.

Geht man von dem Grundsatz aus, daß das Funktionieren der Krankenkassen im Interesse der großen Masse der bei ihnen Versicherten unter allen Umständen sichergestellt werden muß, so wird man noch einen weiteren Schritt tun müssen, so mißlich er auch ist. Die Versicherung der Hausgewerbtreibenden ist für viele Teile Deutschlands erst seit wenigen Monaten in Kraft. In großen Gebieten, z. B. in Groß-Berlin, ist sie noch ganz unvollkommen durchgeführt. Sie macht ihrer technischen Schwierigkeiten halber große Verwaltungskosten und erfordert viel Arbeit, die jetzt bei vielen Krankenkassen nicht mehr geleistet werden kann, da sie nach Entziehung zahlreicher Angestellter durch die Einberufung jetzt nur mit Mühe ihren Betrieb leidlich aufrecht erhalten können. Die ordnungsmäßige Zusendung der Listen und Zuschüsse zwischen den einzelnen Krankenkassen ist während des Krieges überhaupt in Frage gestellt. Endlich ist die Versicherung der Hausgewerbtreibenden für die Krankenkassen eine große finanzielle Belastung. So hart es daher ist, so muß man unter diesen Umständen die Versicherung der Hausgewerbtreibenden, die in vielen Fällen während des Krieges doch nicht durchführbar ist, gesetzlich außer Kraft setzen, um die Krankenversicherung aller übrigen Versicherten aufrecht zu erhalten. Auch hierbei bleibt

§ 211 der Reichsversicherungsordnung in Wirksamkeit: daß fällige Beiträge und ebenso Zuschüsse noch zu leisten sind, ist nur der Deutlichkeit halber betont und weil für die hausgewerbliche Krankenversicherung noch viele Zuschüsse rückständig sind.

Auch diese Maßregel ist nicht für solche Kassen und Bezirke nötig, wo die Krankenversicherung der Hausgewerbtreibenden seit längerer Zeit auf Grund eines beibehaltenen Ortsstatuts (§ 488 der Reichsversicherungsordnung) oder auf Grund der Reichsversicherungsordnung bei örtlich begrenzter Hausindustrie gut arbeitet. Wenn sich dort der beteiligte Gemeindeverband und der Vorstand der beteiligten Krankenkasse, der letztere in nicht getrennter Beschlußfassung der Vertreter der Arbeitgeber und der Versicherten im Vorstande darüber einig sind, daß die Versicherung des Hausgewerbes funktioniert und technisch wie finanziell von der Krankenkasse auch weiterhin geleistet werden kann, so haben sie nur sofort einen entsprechenden Antrag beim Oberversicherungsamt zu stellen. Die Oberversicherungsämter, denen der Eilbedürftigkeit halber die Genehmigungsbefugnis übertragen ist, haben solchen Antrag schleunigst zu erledigen. Der Gemeindeverband und die Krankenkasse haben in ihrem Antrage vorzuschlagen, wie sie die Krankenversicherung des Hausgewerbes durchführen wollen, sei es durch Aufrechterhaltung des Ortsstatuts (Reichsversicherungsordnung § 488), sei es durch Beibehaltung der besonderen Vorschriften der Reichsversicherungsordnung (§§ 466 bis 493). Auf diese Weise ist dafür gesorgt, daß die Krankenversicherung der Hausgewerbtreibenden überall dort erhalten bleiben kann, wo sie überhaupt in Kriegszeiten durchführbar ist. In Werkstätten beschäftigte Arbeiter sind auch, wenn ihr Arbeitgeber ein Hausgewerbtreibender ist, als gewerbliche Arbeiter versicherungspflichtig.

VIII.

Darlehnskassengesetz.

Vom 4. August 1914 (RGBl. S. 340).

Die amtliche Begründung führt über Zweck und Inhalt dieses Gesetzes das Folgende aus:

Um für die Befriedigung der in Kriegszeiten hervortretenden Kreditbedürfnisse fördernde Einrichtungen zu treffen und auf diese Weise namentlich Stockungen in den Handels- und Gewerbebetrieben tunlichst zu begegnen, sollen Darlehnskassen errichtet werden, welche sich für diesen Zweck bereits in den Jahren 1848, 1866 und 1870 bewährt haben (§ 1). Für die seitens dieser Kassen gegen Sicherheit zu gewährenden Darlehne ist ein besonderes Geldzeichen unter der Benennung „Darlehnskassenschein" in Aussicht genommen, welches bei allen Reichskassen sowie bei allen öffentlichen Kassen der Bundesstaaten nach dem vollen Nennwert in Zahlung genommen wird (§ 2). Dadurch dient das Gesetz zugleich dem Zwecke, die während des Kriegszustandes stark begehrten Umlaufsmittel zu vermehren und für die Inanspruchnahme der Metallbestände der Reichsbank eine wünschenswerte Einschränkung herbeizuführen. Auch im Lombardverkehre wird der Reichsbank durch die Einrichtung der Darlehnskassen eine nützliche Entlastung verschafft.

Der Gesetzentwurf lehnt sich im allgemeinen an das Gesetz betreffend die Gründung öffentlicher Darlehnskassen und die Ausgabe von Darlehnskassenscheinen, vom 21. Juli 1870 (Bundes-Gesetzbl. S. 499 ff.) an, welches wiederum den preußischen Gesetzen vom 15. April 1848 (Gesetzsamml. S. 105) und vom 18. Mai 1866 (Gesetzsamml. S. 227) nachgebildet ist. Er unterscheidet sich, abgesehen von der durch die allgemeine Steigerung in den wirtschaftlichen Verhältnissen bedingten Heraufsetzung des Höchstbetrags der auszugebenden Darlehnskassenscheine (bisher nur 90 Millionen Mark) und den durch die spätere Reichsgesetzgebung notwendigen Abweichungen sowie der Stärkung der Darlehnskassenscheine von dem erwähnten Bundesgesetze hauptsächlich darin, daß die Darlehnskassen durchweg den Anstalten der Reichsbank angegliedert werden sollen. Dies erscheint zweckmäßig, weil die Reichsbankanstalten vermöge ihrer geschäftlichen Erfahrungen und Einrichtungen sowie ihrer Verbreitung über das ganze Reichsgebiet für die Verwaltung der Darlehnskassen die gegebenen Amtsstellen bilden. Eine solche Angliederung bestand auch in den Jahren 1848 und 1866 bei den in Preußen errichteten Darlehnskassen hinsichtlich der Anstalten der Preußischen Bank und konnte 1870 nur um deswillen nicht in vollem Maße verwirklicht werden, weil damals eine das gesamte Gebiet des Norddeutschen Bundes umfassende Bank nicht vorhanden war. Daraus ergibt sich für den § 1 eine Fassung, welche derjenigen der vorerwähnten preußischen Gesetze mehr entspricht als dem Bundesgesetze vom 21. Juli 1870.

Die einzelnen Bestimmungen des Entwurfs bieten nach dieser Darlegung zu näheren Ausführungen keinen Anlaß. Der Hervorhebung bedarf noch die neu hinzugetretene Bestimmung im § 2 Abs. 2, wonach die Darlehnskassenscheine bezüglich der Vorschriften über die Deckung der Banknoten und die Notensteuer den Reichskassenscheinen gleichstehen sollen. Eine solche Gleichstellung macht die Darlehnskassenscheine für den Notenbankbetrieb verwertbar, erleichtert damit ihren Umlauf und fördert ihre Geltung im Verkehre. Sie erscheint unbedenklich, weil die Darlehnskassenscheine wie die Reichskassenscheine bei den Kassen des Reichs und der Bundesstaaten nach dem vollen Nennwert in Zahlung genommen werden.

Die Stückelung ist derjenigen der Reichskassenscheine und der kleinen Banknoten entlehnt. Es ist beabsichtigt, auch über höhere Beträge Darlehnskassenscheine als Interimsscheine auszufertigen, da die Ausgabe der Darlehnskassenscheine in den Wertabschnitten zu 5, 10, 20 und 50 ℳ trotz weitgehender Vorbereitungen voraussichtlich mit den erwachsenden Bedürfnissen nicht gleichen Schritt halten wird.

Die Sicherheiten, welche die Unterlage für die Ausgabe der Darlehnskassenscheine bilden (§ 2 Abs. 4), müssen etwaigen Bemängelungen in formeller Hinsicht nach Möglichkeit entrückt sein; der § 4 Abs. 2 setzt daher für sie fest, daß es zur Bestellung des Pfandrechts an den zur Sicherheitsleistung geeigneten beweglichen Sachen an Stelle der Übergabe (§ 1205 BGB.) genügt, wenn die Verpfändung durch äußere Merkmale, wie durch Aufstellung von Pfandtafeln oder dergleichen erkennbar gemacht wird.

Endlich mag auf die neu aufgenommenen Bestimmungen hingewiesen werden, die es ermöglichen sollen, auch solche Forderungen zu verpfänden, die in dem Reichsschuldbuch oder in dem Staatsschuldbuch eines deutschen Staates eingetragen sind (§§ 6, 7). Diese dem Artikel 6 des Gesetzes, betreffend Änderung des Bankgesetzes vom 1. Juni 1909 (Reichs-Gesetzbl. S. 515) nachgebildeten Bestimmungen bezwecken, den Schuldbuchgläubiger auch für die Darlehnskassen hinsichtlich der Verpfändung seiner in das Schuldbuch eingetragenen Forderung demjenigen gleichzustellen, welcher von der Eintragung in das Schuldbuch keinen Gebrauch gemacht hat. Eine Zurücksetzung des Schuldbuchgläubigers würde zumal in kritischen Zeiten der inneren Rechtfertigung entbehren.

Bereits mit dem Eintritt der Mobilmachung ist das Bedürfnis nach Einrichtung von Darlehnskassen auf das schärfste hervorgetreten. Um dieses Bedürfnis wenigstens einigermaßen zu befriedigen, hat die Reichsbank sich genötigt gesehen, den Kreis der lombardfähigen Werte über die im § 13 Nr. 3 des Bankgesetzes gezogenen Grenzen hinaus vorübergehend zu erweitern. Die gegen Verpfändung derartiger Werte bewilligten Darlehen sollen demnächst von den Darlehnskassen übernommen werden. Der § 21 bezweckt, die nachträgliche Genehmigung für dies Verhalten der Reichsbank herbeizuführen.

§ 1. In Berlin und an denjenigen Orten innerhalb des Reichs, an welchen sich Reichsbankhauptstellen und Reichsbankstellen befinden, sollen, wo es erforderlich ist, auf Anordnung des Reichskanzlers, nach Vernehmung des Ausschusses des Bundesrats für Handel und Verkehr, Darlehnskassen errichtet werden mit der Bestimmung, zur Abhilfe des Kreditbedürfnisses, vorzüglich zur Beförderung des Handels und Gewerbebetriebs gegen Sicherheit Darlehen zu geben.*)

Zur Vermittelung der Darlehnsgeschäfte und zur Bildung von Depots können die Darlehnskassen außerdem an geeigneten Orten Hilfsstellen errichten.

§ 2. Für den ganzen Betrag der bewilligten Darlehen soll unter der Benennung „Darlehnskassenscheine" ein besonderes Geldzeichen ausgegeben werden. Diese Scheine werden bei allen Reichskassen sowie bei allen öffentlichen Kassen in sämtlichen Bundesstaaten nach ihrem vollen Nennwert in Zahlung genommen; im Privatverkehre tritt ein Zwang zu deren Annahme nicht ein.

Im Sinne der §§ 9, 17 und 44 des Bankgesetzes vom 14. März 1875 (Reichs-Gesetzbl. S. 177) stehen die Darlehnskassenscheine den Reichskassenscheinen gleich.

---

*) Im Geschäftsbezirk der Reichshauptbank zu Berlin ist unverzüglich eine Darlehnskasse errichtet worden, die ihre Tätigkeit am 6. August aufgenommen hat. Ferner sind an folgenden Orten Darlehnskassen errichtet worden:

Aachen, Allenstein, Altona, Augsburg, Barmen, Bielefeld, Bochum-Brandenburg a. H., Braunschweig, Bremen, Breslau, Bromberg, Cassel, Charlottenburg, Chemnitz, Coblenz, Cöln, Cottbus, Crefeld, Danzig, Darmstadt, Dortmund, Dresden, Duisburg, Düsseldorf, Eisenach, Elberfeld, Elbing, Emden, Erfurt, Essen, Flensburg, Frankfurt (Main), Frankfurt (Oder), Freiburg (Br.), Fulda, Gera, Gießen, Glatz, Gleiwitz, Glogau, Görlitz, Göttingen, Graudenz, Hagen, Halberstadt, Halle, Hamburg, Hamm, Hannover, Hildesheim, Husum, Insterburg, Karlsruhe, Kattowitz, Kiel, Königsberg (Pr.), Köslin, Kreuznach, Landsberg, Leipzig, Liegnitz, Lippstadt, Lissa, Lübeck, Ludwigshafen, Magdeburg, Mainz, Mannheim, Memel, Metz, Minden, Mülhausen (Elsaß), Mülheim (Ruhr), München, Münster, Nordhausen, Nürnberg, Oppeln, Osnabrück, Plauen, Posen, Regensburg, Remscheid, Schweidnitz, Siegen, Stettin, Stolp, Stralsund, Straßburg (Elsaß), Stuttgart, Thorn, Tilsit, Ulm, Wiesbaden, Wilhelmshaven, Würzburg, Zwickau.

Der Gesamtbetrag der Darlehnskassenscheine soll 1 500 Millionen Mark nicht übersteigen. Der Bundesrat wird ermächtigt, im Bedarfsfalle den Betrag der auszugebenden Darlehnskassenscheine zu erhöhen.

Von der Hauptverwaltung der Darlehnskassen (§ 13) darf kein Darlehnskassenschein ausgegeben werden, für welchen nicht nach der Bestimmung der §§ 4 und 6 genügende Sicherheit geleistet worden ist.

Vor der Ausgabe soll eine genaue Beschreibung der Darlehnskassenscheine durch die Hauptverwaltung der Darlehnskassen öffentlich bekannt gemacht werden.

§ 3. Die Darlehen können nur im Betrage von wenigstens 100 Mark, in der Regel nicht auf längere Zeit als auf drei und nur ausnahmsweise bis zu sechs Monaten gewährt werden.

§ 4. Die Sicherheit kann bestehen:

a) in Verpfändung innerhalb des Gebiets des Reichs lagernder, dem Verderben nicht ausgesetzter Waren, Boden-, Bergwerks- und gewerblicher Erzeugnisse in der Regel bis zur Hälfte, ausnahmsweise bis zu zwei Dritteln ihres Schätzungswerts nach Verschiedenheit der Gegenstände und ihrer Verkäuflichkeit;

b) in Verpfändung von Wertpapieren, welche vom Reiche oder von der Regierung eines Bundesstaats oder unter Beobachtung der gesetzlichen Vorschriften von Korporationen, Aktiengesellschaften oder Kommanditgesellschaften auf Aktien, welche im Gebiete des Reichs ihren Sitz haben, ausgegeben sind, mit einem Abschlag vom Kurse oder marktgängigen Preise. Papiere, welche nicht auf den Inhaber lauten, müssen der Darlehnskasse übertragen werden;

c) in Verpfändung von anderen Wertpapieren, welche die Hauptverwaltung (§ 13) für zulässig erklärt.

Zur Bestellung des Pfandrechts an den im Abs. 1 unter a bezeichneten Sachen genügt es an Stelle der Übergabe, wenn die Verpfändung durch äußere Merkmale, wie durch Aufstellung von Tafeln oder dergleichen, erkennbar gemacht wird.

§ 5. Sachen, welche einem bedeutenden Preiswechsel unterliegen, werden nur dann als Unterpfand angenommen, wenn zugleich eine dritte sichere Person sich für die Erfüllung des Darlehnsvertrags verbürgt.

§ 6. Die Darlehen können auch gegen Verpfändung von Forderungen, die in dem Reichsschuldbuch oder in dem Staatsschuldbuch eines deutschen Staates eingetragen sind, mit einem Abschlag vom Kurswert der nach Nennwert und Zinssatz der verpfändeten Buchforderung entsprechenden Schuldverschreibungen gewährt werden.

Soll zugunsten einer Darlehnskasse ein Pfandrecht an einer Forderung der im Abs. 1 bezeichneten Art in das Schuldbuch eingetragen werden, so genügt für den Antrag die Beglaubigung durch zwei Mitglieder des Vorstandes.

Auf die Beglaubigung finden die Vorschriften des § 183 des Gesetzes über die Angelegenheiten der freiwilligen Gerichtsbarkeit entsprechende Anwendung.

§ 7. Ist zugunsten einer Darlehnskasse ein Pfandrecht in das Schuldbuch eingetragen (§ 6), so erwirbt sie das Pfandrecht auch dann, wenn die Forderung einem Dritten zusteht, und geht das Pfandrecht dem vor der Verpfändung begründeten Rechte eines Dritten an der Forderung vor; es sei denn, daß das Recht des Dritten zu der Zeit der Eintragung des Pfandrechts im Schuldbuch eingetragen oder in diesem Zeitpunkt der Darlehnskasse bekannt oder infolge grober Fahrlässigkeit unbekannt war.

Ist der Schuldner mit der Erfüllung der durch das Pfandrecht gesicherten Forderung im Verzuge, so ist die Schuldbuchverwaltung auf schriftliches Verlangen der Darlehnskasse berechtigt und verpflichtet, der Darlehnskasse auch ohne Nachweis des Verzugs gegen Löschung der eingetragenen Forderung oder eines entsprechenden Teiles dieser Forderung auf den Inhaber lautende Schuldverschreibungen auszureichen, es sei denn, daß eine gerichtliche Anordnung vorliegt, welche die Ausreichung an die Darlehnskasse untersagt, oder in dem Schuldbuch solche Rechte Dritter oder Verfügungsbeschränkungen zugunsten Dritter vermerkt sind, welche früher als das Pfandrecht der Darlehnskasse eingetragen worden waren. Das Pfand haftet auch für die durch die Ausreichung entstehenden Kosten.

Die Schuldbuchverwaltung hat spätere Eintragungen bei der Ausreichung der Schuldverschreibungen der Darlehnskasse mitzuteilen.

Auf die Befriedigung der Darlehnskasse aus den von der Schuldbuchverwaltung ausgereichten Schuldverschreibungen finden die Vorschriften der §§ 10, 11 entsprechende Anwendung.

§ 8. Der Zinsfuß bei der Bewilligung der Darlehen soll der Regel nach höher sein als der öffentlich bekanntgemachte Prozentsatz, zu welchem die Reichsbank Wechsel ankauft.

§ 9. Das Unterpfand haftet für Kapital, Zinsen und Kosten; diese letzteren Nebenforderungen können von der Darlehnssumme sogleich gekürzt werden.

§ 10. Wird zur Verfallzeit nicht Zahlung geleistet, so kann die Darlehnskasse durch einen ihrer Beamten oder einen Kursmakler das Unterpfand verkaufen und sich aus dem Erlöse bezahlt machen. Selbst erwerben kann die Darlehnskasse das Unterpfand nur im Wege des Meistgebots bei einem öffentlichen Verkaufe.

§ 11. Auch wenn der Schuldner in Konkurs gerät, bleibt die Darlehnskasse zum außergerichtlichen Verkaufe des Unterpfandes berechtigt. Die beschränkende Vorschrift im § 127 Abs. 2 der Konkursordnung vom 20. Mai 1898 (Reichs-Gesetzbl. S. 612) findet keine Anwendung*).

§ 12. Die Darlehnskassen bilden selbständige Einrichtungen mit den Eigenschaften und Rechten juristischer Personen. Ihre Geschäfte genießen Freiheit von Stempeln und Gebühren.

§ 13. Die Verwaltung der Darlehnskassen übernimmt für Rechnung des Reichs unter der oberen Leitung des Reichskanzlers die Reichsbank, jedoch mit Absonderung von ihren übrigen Geschäften. Die allgemeine Ver-

*) Es handelt sich dort um die Fristbestimmung, um einer Verzögerung der Verwertung von Seiten des Gläubigers vorzubeugen.

waltung wird in Berlin durch eine besondere Bankabteilung unter der Benennung „Hauptverwaltung der Darlehnskassen“ nach näherer Bestimmung des Reichskanzlers geführt. Außerdem wird für jede Darlehnskasse ein besonderer, der Hauptverwaltung unterstellter Vorstand ernannt, wozu ein vom Reichskanzler zu bestimmender Reichsbevollmächtigter und Mitglieder des Handels- oder Gewerbestandes gehören sollen. Die Geschäftsanweisung für die Darlehnskassen erläßt der Reichskanzler.

§ 14. Die Eröffnung der Darlehnskassen ist nebst dem Namen des Reichsbevollmächtigten und der Mitglieder des Vorstandes durch die für amtliche Bekanntmachungen bestimmten Blätter zur allgemeinen Kenntnis zu bringen.

§ 15. Von den Vorstandsmitgliedern aus dem Handels- oder Gewerbestande haben zwei im wöchentlichen Wechsel die Geschäfte der Darlehnskassen zu begleiten und die Beobachtung der Bestimmungen dieses Gesetzes zu überwachen.

§ 16. Der Reichsbevollmächtigte muß von sämtlichen Geschäften Kenntnis nehmen und hat bei allen Anträgen auf Bewilligung von Darlehen das Versagungsrecht. Die Bestimmung des Abschlags von dem Kurse oder marktgängigen Preise der verpfändeten Papiere innerhalb der durch die Geschäftsanweisung gezogenen Grenzen steht nach Anhörung des Vorstandes dem Reichsbevollmächtigten zu.

§ 17. Der Zinsertrag der Darlehnskassen soll nach Abzug der Verwaltungskosten zur Deckung etwaiger

Ausfälle und zur Wiedereinlösung der Darlehnskassenscheine verwendet werden. Ein etwaiger Überschuß fällt der Reichskasse zu.

§ 18. Die Darlehnskassenscheine werden auf Beträge von 5 Mark, 10 Mark, 20 Mark und 50 Mark ausgestellt. Über die Ausstellung von Darlehnskassenscheinen auch auf höhere Beträge sowie über das Verhältnis, in welchem von den einzelnen Abschnitten Gebrauch zu machen ist, werden vom Reichskanzler Bestimmungen getroffen.

Die Darlehnskassenscheine werden von der Reichsschuldenverwaltung ausgestellt und in Grenzen des Höchstbetrags (§ 2 Abs. 3) nach Anordnung des Reichskanzlers der Hauptverwaltung der Darlehnskassen übergeben, welche die Verantwortung für die Ausgabe trägt.

Die Kontrolle über die Ausfertigung und über die Ausgabe der Darlehnskassenscheine übt die Reichsschuldenkommission.

Der Reichskanzler hat den Betrag der umlaufenden Darlehnskassenscheine monatlich zur allgemeinen Kenntnis zu bringen.

§ 19. Sobald das Bedürfnis zur Fortdauer einer Darlehnskasse nicht mehr besteht, hat der Reichskanzler deren Auflösung zu verfügen und öffentlich bekannt zu machen.

Nach Wiederherstellung des Friedens werden die auf Grund dieses Gesetzes ausgegebenen Darlehnskassenscheine nach näherer Anordnung des Bundesrats wieder eingezogen.

§ 20. Die Vorschriften in den §§ 146 bis 149, 151, 152 und 360 Nr. 4 bis 6 des Strafgesetzbuchs für das Deutsche Reich*) finden bezüglich der Darlehnskassenscheine entsprechende Anwendung.

§ 21. Die von der Reichsbank in der Zeit vom 3. August 1914 bis zur Einrichtung der Darlehnskassen bewilligten Lombardierungen anderer als der im § 13 Nr. 3 des Bankgesetzes bezeichneten Werte werden nachträglich genehmigt.

§ 22. Dieses Gesetz tritt mit dem Tage seiner Verkündung in Kraft.

---

*) Die angeführten Paragraphen lauten:

§ 146. Wer inländisches oder ausländisches Metallgeld oder Papiergeld nachmacht, um das nachgemachte Geld als echtes zu gebrauchen oder sonst in Verkehr zu bringen, oder wer in gleicher Absicht echtem Gelde durch Veränderung an demselben den Schein eines höheren Werts oder verrufenem Gelde durch Veränderung an demselben das Ansehen eines noch geltenden gibt, wird mit Zuchthaus nicht unter zwei Jahren bestraft; auch ist Polizeiaufsicht zulässig

Sind mildernde Umstände vorhanden, so tritt Gefängnisstrafe ein.

§ 147. Dieselben Strafbestimmungen finden auf denjenigen Anwendung, welcher das von ihm auch ohne die vorbezeichnete Absicht nachgemachte oder verfälschte Geld als echtes in Verkehr bringt, sowie auf denjenigen, welcher nachgemachtes oder verfälschtes Geld sich verschafft und solches entweder in Verkehr bringt oder zum Zwecke der Verbreitung aus dem Auslande einführt.

§ 148. Wer nachgemachtes oder verfälschtes Geld als echtes empfängt und nach erkannter Unechtheit als echtes in Verkehr bringt, wird mit Gefängnis bis zu drei Monaten oder mit Geldstrafe bis zu dreihundert Mark bestraft.

Der Versuch ist strafbar.

§ 149. Dem Papiergelde werden gleich geachtet die auf den Inhaber lautenden Schuldverschreibungen, Banknoten, Aktien oder deren Stelle vertretende Interimsscheine oder Quittungen, sowie die zu diesen Papieren gehörenden Zins-, Gewinnanteils- oder Erneuerungsscheine, welche von dem Reich, dem Norddeutschen Bunde, einem Bundesstaate oder fremden Staate oder von einer zur Ausgabe solcher Papiere berechtigten Gemeinde, Korporation, Gesellschaft oder Privatperson ausgestellt sind.

§ 151. Wer Stempel, Siegel, Stiche, Platten oder andere zur Anfertigung von Metallgeld, Papiergeld oder dem letzteren gleichgeachteten Papieren dienliche Formen zum Zwecke eines Münzverbrechens angeschafft oder angefertigt hat, wird mit Gefängnis bis zu zwei Jahren bestraft.

§ 152. Auf die Einziehung des nachgemachten oder verfälschten Geldes, sowie der im § 151 bezeichneten Gegenstände ist zu erkennen, auch wenn die Verfolgung oder Verurteilung einer bestimmten Person nicht stattfindet.

§ 360. Mit Geldstrafe bis zu einhundertfünfzig Mark oder mit Haft wird bestraft:

4. wer ohne schriftlichen Auftrag einer Behörde Stempel, Siegel, Stiche, Platten oder andere Formen, welche zur Anfertigung von Metall- oder Papiergeld, oder von solchen Papieren, welche nach § 149 dem Papiergelde gleich geachtet werden, oder von Stempelpapier, Stempelmarken, Stempelblanketten, Stempelabdrücken, Post- oder Telegraphenwertzeichen, öffentlichen Bescheinigungen oder Beglaubigungen dienen können, anfertigt oder an einen anderen als die Behörde verabfolgt;

5. wer ohne schriftlichen Auftrag einer Behörde den Abdruck der in Nr. 4 genannten Stempel, Siegel, Stiche, Platten oder Formen, oder einen Druck von Formularen zu den daselbst bezeichneten öffentlichen Papieren, Beglaubigungen oder Bescheinigungen unternimmt, oder Abdrücke an einen anderen als die Behörde verabfolgt;

6. wer Waren-Empfehlungskarten, Ankündigungen oder andere Drucksachen oder Abbildungen, welche in der Form oder Verzierung dem Papiergelde oder den dem Papiergelde nach § 149 gleich geachteten Papieren ähnlich sind, anfertigt oder verbreitet, oder wer Stempel, Stiche, Platten oder andere Formen, welche zur Anfertigung von solchen Drucksachen oder Abbildungen dienen können, anfertigt.

IX.

Gesetz, betreffend die Aenderung des Bankgesetzes.

Vom 4. August 1914 (RGBl. S. 327).

§ 1. Die §§ 9 und 10 des Bankgesetzes treten für die Reichsbank außer Kraft.

§ 2. Den Vorschriften im § 13 Ziffer 2 und im § 17 des Bankgesetzes genügen Wechsel, die das Reich verpflichten und eine Verfallzeit von höchstens 3 Monaten haben, auch dann, wenn aus ihnen sonstige Verpflichtete nicht haften.

§ 3. Schuldverschreibungen des Reichs, welche nach spätestens drei Monaten mit ihrem Nennwert fällig sind, stehen im Sinne des § 17 des Bankgesetzes den daselbst bezeichneten Wechseln gleich.

§ 4. Der Bundesrat wird ermächtigt, den Zeitpunkt zu bestimmen, zu welchem die Vorschriften in den §§ 1 bis 3 dieses Gesetzes wieder außer Kraft treten.

§ 5. Dieses Gesetz tritt mit dem Tage der Verkündung in Kraft.

Die amtliche Begründung dieses Gesetzes führt aus:

Die besonderen Verhältnisse, unter denen die Reichsbank im Kriegsfall die ihr gestellten bedeutsamen Aufgaben zu erfüllen hat, lassen eine Änderung der Bestimmungen des Bankgesetzes über die Notensteuer und die Notendeckung unumgänglich geboten erscheinen.

Auf Grund der §§ 9 und 10 des Bankgesetzes hat die Reichsbank von dem Überschuß ihres Notenumlaufs über ihren Barvorrat und das ihr zustehende Kontingent eine Steuer von jährlich fünf vom Hundert an die Reichskasse zu entrichten. Die Vorschrift, welche den Zweck verfolgt, einem Übermaße der Notenausgabe entgegenzuwirken, läßt sich in Kriegszeiten auch bei Berücksichtigung der durch Artikel 2 des Gesetzes, betreffend Änderung des Bankgesetzes, vom 1. Juni 1909 (Reichs-Gesetzbl. S. 515) geregelten Erhöhung des steuerfreien Kontingents nicht aufrechterhalten. Denn hier wird eine außerordentliche Steigerung des ungedeckten Notenumlaufs zur wirtschaftlichen Notwendigkeit, da sie das einzige Mittel bildet, mit dessen Hilfe die Reichsbank — die letzte Geld- und Kreditquelle des Landes — den Anforderungen des Reichs und den weit über das gewöhnliche Maß hinaus anwachsenden Bedürfnissen des Verkehrs zu genügen vermag. § 1 setzt deshalb die Steuervorschrift für die Reichsbank bis auf weiteres außer Kraft.

Der § 17 des Bankgesetzes verpflichtet die Reichsbank, für den nicht bar gedeckten Betrag ihrer umlaufenden Noten Deckung bereit zu halten, die — abgesehen von angekauften Schecks — in diskontierten Wechseln bestehen muß, welche eine Verfallzeit von höchstens 3 Monaten haben, und aus welchen in der Regel drei, mindestens aber zwei als zahlungsfähig bekannte Verpflichtete haften. Andere als solche Wechsel dürfen nach § 13 Ziffer 2 des Bankgesetzes von der Reichsbank nicht angekauft werden. Eine Ausnahme zugunsten des Reichs ist nicht vorgesehen. Reichswechsel bedürfen daher — auch wenn sie binnen 3 Monaten fällig sind — einer zweiten Unterschrift, um bankfähig zu sein und als Notendeckung dienen zu können. Dies erscheint nicht gerechtfertigt. Denn der Reichswechsel bietet zweifellos die unbedingte Gewähr rechtzeitiger Einlösung, er steht hierin den ersten bankfähigen Wechseln mindestens nicht nach. Gegenüber der durch die Haftung des Reichs gegebenen Sicherheit würde die Unterschrift eines zweiten Verpflichteten offenbar nur von formeller Bedeutung sein, materiell ist sie ohne Belang und demgemäß überflüssig. Im Interesse tunlichster Erleichterung der Kreditoperationen des Reichs empfiehlt es sich daher, von dem Erfordernisse der zweiten Unterschrift Abstand zu nehmen, wie dies § 2 des Entwurfs vorschreibt.

Schuldverschreibungen des Reichs, welche nach spätestens 3 Monaten mit ihrem Nennwert fällig werden, sind im § 13 Ziffer 2 des Bankgesetzes den Wechseln, von denen sie sich tatsächlich nur in formeller Hinsicht unterscheiden, als diskontierbare Wertpapiere an die Seite gestellt, im § 17 jedoch als Notendeckung nicht zugelassen. Angesichts der Haftung des Reichs kann dem Umstand, daß die Zahlungsverpflichtung nicht in die Wechselform gekleidet ist, keine entscheidende Bedeutung beigelegt werden.

Sind die Reichswechsel ohne zweite Unterschrift als Notendeckung verwendbar, so liegt kein Grund vor, die eine vollkommen gleichwertige Verpflichtung — wenngleich in abweichender Form — begründenden Schuldverschreibungen von der Deckungsfähigkeit auszuschließen, sofern sie kurzfällig sind und demgemäß den Anforderungen entsprechen, denen die Notendeckung vom Standpunkt der Liquidität genügen muß. § 3 des Entwurfs trifft eine dahingehende Bestimmung.

Im übrigen bleiben die bewährten Vorschriften des Bankgesetzes über die Notendeckung unverändert.

§ 4 ermächtigt den Bundesrat, die Vorschriften in §§ 1 bis 3 des Entwurfs wieder außer Kraft zu setzen.

X.

Gesetz, betreffend Aenderung des Münzgesetzes.

Vom 4. August 1914 (RGBl. S. 326).

§ 1. Bis auf weiteres werden die Vorschriften im § 9 Abs. 2 Satz 2 und 3 des Münzgesetzes vom 1. Juni 1909 (Reichs-Gesetzbl. S. 507) dahin geändert, daß an Stelle der Goldmünzen Reichskassenscheine und Reichsbanknoten verabfolgt werden können.

§ 2. Der Bundesrat wird ermächtigt, den Zeitpunkt zu bestimmen, zu welchem die im § 1 dieses Gesetzes bezeichneten Vorschriften wieder in Kraft treten.

§ 3. Dieses Gesetz tritt mit dem Tage der Verkündung in Kraft.

Die amtliche Begründung sagt dazu:

Nach § 9 Abs. 2 des Münzgesetzes vom 1. Juni 1909 (Reichs-Gesetzbl. S. 507) bezeichnet der Bundesrat diejenigen Kassen, welche Goldmünzen gegen Einzahlung von Silbermünzen in Beträgen von mindestens 200 *M* oder von Nickel- und Kupfermünzen in Beträgen von mindestens 50 *M* auf Verlangen verabfolgen. Er setzt zugleich die näheren Bedingungen des Umtausches fest. Als solche Umwechslungsstellen dienen nach Bestimmung des Bundesrats zurzeit die Reichsbankhauptkasse in Berlin und die Kassen der Reichsbankhauptstellen in Frankfurt a. M., Königsberg und München. Diese Bestimmungen begründen mithin für das Reich die Verpflichtung, Silber-, Nickel- und Kupfermünzen unter gewissen Bedingungen gegen Goldmünzen einzulösen. Die durch den Kriegsausbruch geschaffenen Verhältnisse des Geldverkehrs lassen es geboten erscheinen, diese Vorschriften wenigstens vorübergehend aufzuheben. In Kriegszeiten steigt zunächst die Nachfrage nach Hartgeld, schon um die vermehrten Bedürfnisse der Heeres- und Marineverwaltung, namentlich für Löhnungszwecke, zu befriedigen. Auch im allgemeinen Verkehr macht sich erfahrungsgemäß die Neigung geltend, metallische Zahlungsmittel, auch Silber-, Nickel- und Kupfermünzen in verstärktem Maße zu begehren. Die Reichsbank wird demgemäß große Beträge an diesen Münzgattungen dem Verkehr zur Verfügung stellen müssen. Damit dies ausreichend geschieht, ist bereits der zufolge § 6 des Gesetzes über Änderungen im Finanzwesen, vom 3. Juli 1913 (Reichs-Gesetzbl. S. 521) beschaffte außerordentliche Silberbestand der Reichsbank überwiesen worden. Wenn nun auch diese beträchtlichen Mengen an Silbermünzen vom Verkehre vorerst willig aufgenommen werden, so ist doch mit der Möglichkeit zu rechnen, daß namentlich nach Befriedigung der zunächst aufgetretenen Zahlungsmittelbedürfnisse Ansammlungen von Silber- und anderen Scheidemünzen mit der Absicht vorgenommen werden, vermöge der obenerwähnten Vorschriften des Münzgesetzes der Reichsbank Goldmünzen in beträchtlichem Umfang zu entziehen. Zur Abwendung derartiger mit schädlichen Goldverlusten der Reichsbank verbundenen Folgen erscheint es erforderlich, das Reich von der Verpflichtung zur Einlösung der Scheidemünzen gegen Goldmünzen während des Kriegszustandes zu befreien.

Anderseits soll auch während der Dauer eines Krieges gerade mit Rücksicht auf die stark vermehrte Ausstattung des Geldverkehrs mit Scheidemünzen zur Vermeidung wirtschaftlicher Störungen die Möglichkeit gegeben sein, diese in ihrer Zahlkraft beschränkten Münzen gegen Zahlungsmittel mit unbeschränkter Zahlkraft umzutauschen. Als solche Zahlungsmittel kommen bei Ausschluß der Goldmünzen die Reichsbanknoten und Reichskassenscheine, welchen durch ein gleichzeitig zu erlassendes Gesetz diese Eigenschaft beigelegt wird, in Betracht. Der § 1 dieses Gesetzes ändert daher den § 9 a. a. O. im Abs. 2 Satz 2 und 3 bis auf weiteres dahin, daß an Stelle der Goldmünzen Reichskassenscheine und Reichsbanknoten verabfolgt werden können.

§ 2 überträgt dem Bundesrate die Entscheidung darüber, wann die aufgehobenen Bestimmungen des Münzgesetzes wieder in Kraft treten sollen, was zur Zeit mit Sicherheit nicht zu übersehen ist, da dies von der weiteren Entwickelung der Verhältnisse abhängen wird.

In Anbetracht der durch die Kriegslage gebotenen Eilbedürftigkeit soll das Gesetz zufolge § 3 mit dem Tage der Verkündung in Kraft treten.

XI.

Gesetz, betreffend die Reichskassenscheine und die Banknoten.

Vom 4. August 1914 (RGBl. S. 347).

§ 1. Reichskassenscheine sind bis auf weiteres gesetzliches Zahlungsmittel.

§ 2. Bis auf weiteres ist die Reichshauptkasse zur Einlösung der Reichskassenscheine und die Reichsbank zur Einlösung ihrer Noten nicht verpflichtet.

§ 3. Bis auf weiteres sind die Privatnotenbanken berechtigt, zur Einlösung ihrer Noten Reichsbanknoten zu verwenden.

§ 4. Der Bundesrat wird ermächtigt, den Zeitpunkt zu bestimmen, zu welchem die Vorschriften in den §§ 1 bis 3 dieses Gesetzes außer Kraft treten.

§ 5. Dieses Gesetz tritt bezüglich der §§ 2, 3 mit Wirkung vom 31. Juli 1914, im übrigen mit dem Tage der Verkündung in Kraft.

Begründung.

Mit Rücksicht auf die durch den Kriegszustand geschaffene Lage bedürfen die gesetzlichen Vorschriften über die Annahme der Reichskassenscheine und über die Einlösung der Reichskassenscheine sowie der Reichs- und der Privatbanknoten einer Änderung.

Nach § 5 des Gesetzes, betreffend die Ausgabe von Reichskassenscheinen, vom 30. April 1874 (Reichs-Gesetzbl. S. 40), der auch für die gemäß § 7 des Gesetzes über Änderungen im Finanzwesen vom 3. Juli 1913 (Reichs-Gesetzbl. S. 521) ausgegebenen Reichskassenscheine gilt, findet im Privatverkehr ein Zwang zur Annahme der Reichskassenscheine nicht statt. Demgegenüber sind die Noten der Reichsbank durch Artikel 3 des Gesetzes, betreffend Änderung des Bankgesetzes, vom 1. Juni 1909 (Reichs-Gesetzbl. S. 515) mit der Eigenschaft eines gesetzlichen Zahlungsmittels ausgestattet worden. Eine Ausdehnung dieser Vorschrift auf die Reichskassenscheine ist unterblieben, weil sie unter normalen Verhältnissen nicht als im Bedürfnis liegend erachtet wurde. Gegenwärtig liegt ein dahingehendes Bedürfnis vor. Der Ausbruch des Krieges hat zwar einen weit über das gewöhnliche Maß gesteigerten Bedarf des Verkehrs an Zahlungsmitteln zur Folge gehabt. Gleichwohl erscheint es im Verkehrsinteresse geboten, der Verwendung der Reichskassenscheine als Zahlungsmittel, die tatsächlich allgemein besteht, eine gesetzliche Grundlage zu geben, um einer aus grundlosen Befürchtungen oder aus schikanösem Verhalten entspringenden Zurückweisung bei Zahlungsleistungen vorzubeugen. Der § 1 des Gesetzes stellt demgemäß die Reichskassenscheine als gesetzliches Zahlungsmittel den Reichsbanknoten gleich.

Der § 18 des Bankgesetzes in der durch Artikel 4 I des Gesetzes vom 1. Juni 1909 festgestellten Fassung verpflichtet die Reichsbank, ihre Noten bei ihrer Hauptkasse in Berlin sofort auf Präsentation, bei ihren Zweiganstalten, soweit es deren Barbestände und Geldbedürfnisse gestatten, dem Inhaber gegen deutsche Goldmünzen einzulösen. Die Reichskassenscheine werden gemäß § 5 Abs. 1 des Gesetzes vom 30. April 1874 von der Reichshauptkasse für Rechnung des Reichs jederzeit auf Erfordern gegen bares Geld eingelöst. Da die Reichsbankhauptkasse laut Bekanntmachung vom 29. Dezember 1875 (Reichs-Zentralbl. S. 821) unter der Benennung „Reichshauptkasse" die Zentralkassengeschäfte des Reichs zu führen hat, ist auch die Einlösung der Reichskassenscheine der Reichsbank übertragen.

Die Aufrechterhaltung dieser Einlösungspflicht im Kriegsfall unterliegt den ernstesten Bedenken. Sie würde den Metallvorrat der Reichsbank der Gefahr einer Schwächung durch spekulative Goldentziehungen aussetzen, während das öffentliche Interesse gebietet, den Goldbestand tunlichst ungeschmälert zu erhalten, da er in Verbindung mit den gesetzlich als Deckungsmittel zugelassenen, durchgängig soliden Anlagewerten der Bank die Grundlage des Notenkredits und in Verbindung mit der starken Goldzirkulation im freien Verkehre die Grundlage der Landeswährung bildet. Dieser Gefahr beugt § 2 des Gesetzes vor, indem er die Reichshauptkasse und die Reichsbank von der Verpflichtung, die Reichskassenscheine und die Reichsbanknoten einzulösen, befreit.

Hinsichtlich der Privatnotenbanken erscheint eine abweichende Regelung geboten. Von der Noteneinlösungspflicht können sie nicht entbunden werden, da sie nicht — wie die Reichsbank — unter der Leitung des Reichs stehen, die allein eine unbedingte Sicherheit dafür bietet, daß die Ausgabe uneinlösbarer Noten ausschließlich unter dem Gesichtspunkt des öffentlichen Interesses gehandhabt wird. Bleibt aber die Noteneinlösungspflicht unverändert bestehen, so liegt die Befürchtung nahe, daß Interessenten aus den Verkehrskreisen sie benutzen, um den Privatnotenbanken ihre Goldbestände zu spekulativen Zwecken zu entziehen. Ein derartiges Verfahren könnte letzten Endes dahin führen, daß die Banken in Ermangelung vorschriftsmäßiger Bardeckung genötigt würden, ihre Notenausgabe und damit überhaupt ihren Geschäftsbetrieb einzustellen. Um dem vorzubeugen, befreit § 3 die Privatnotenbanken von der Verpflichtung, ihre Noten gegen Metallgeld einzulösen, indem er ihnen die Verwendung von Reichsbanknoten zur Noteneinlösung — auch gegen den Willen der Präsentanten — gestattet. Da die Privatnotenbanken sich Reichsbanknoten im Wege der Rediskontierung eines Teiles ihres Portefeuilles bei der Reichsbank zu beschaffen vermögen, sichert die hier vorgesehene Regelung ihnen die Fortsetzung ihrer geschäftlichen Tätigkeit in dem bisherigen legitimen Umfang.

Im § 4 wird der Bundesrat ermächtigt, den Zeitpunkt zu bestimmen, zu welchem die bis auf weiteres getroffenen Vorschriften der §§ 1 bis 3 außer Kraft treten. Die Außerkraftsetzung soll jederzeit, auch vor Beendigung des Krieges, erfolgen können, da es in der Absicht liegt, die Einlösungspflicht, sobald die Verhältnisse es irgend gestatten, wiederherzustellen.

Im § 5 ist eine rückwirkende Kraft der Bestimmungen des § 2 vorgesehen, damit die Zeit zwischen dem Ausspruch des Kriegszustandes und der Verkündung des Gesetzes nicht dazu benutzt wird, der Reichsbank zu spekulativen Zwecken oder aus anderen Gründen Gold zu entziehen und sie so für die ihr im Kriegsfall obliegenden Aufgaben zu schwächen.

XII.

Gesetz über die Ermächtigung des Bundesrats zu wirtschaftlichen Maßnahmen und über die Verlängerung der Fristen des Wechsel- und Scheckrechts im Falle kriegerischer Ereignisse.

Vom 4. August 1914 (RGBl. S. 327).

Die amtliche Begründung führt zu dem Gesetz als Ganzem aus:

Die zur Erhaltung oder Ausübung der Wechselrechte oder der Regreßrechte aus dem Scheck vorgeschriebenen Handlungen sind gesetzlich an bestimmte Fristen gebunden (vgl. Wechselordnung Artikel 19, 20, 24 Abs. 2, 31, 41, 45, 60, 62, 98, 99; Scheckgesetz §§ 11, 16, 17). Insbesondere muß die Vorlegung des Wechsels zur Zahlung und die Erhebung der Protestes mangels Zahlung bei Verlust der Regreßansprüche gegen den Aussteller und die Indossanten spätestens am zweiten Werktag nach dem Zahlungstage geschehen. Ebenso kann das Regreßrecht aus einem im Inland ausgestellten und zahlbaren Scheck nur ausgeübt werden, wenn der Scheck binnen zehn Tagen nach der Ausstellung dem Bezogenen am Zahlungsorte zur Zahlung vorgelegt worden ist. Nach dem geltenden Rechte können, wenn eine solche Frist versäumt wird, die mit der Versäumung verbundenen Rechtsnachteile durch Berufung auf höhere Gewalt nicht abgewendet werden. Bei einer durch kriegerische Ereignisse eintretenden Verkehrsstockung würden sich hieraus große Härten ergeben. Abgesehen von den Verlusten, die einzelnen Personen dadurch erwachsen, wäre eine empfindliche Beeinträchtigung des Wechselkredits in den dem Kriegsschauplatze naheliegenden Gegenden zu befürchten, die, namentlich wenn Verkehrsmittelpunkte davon betroffen werden sollten, leicht weitere Kreise ziehen könnte.

Der vorliegende Entwurf sucht hiergegen Abhilfe zu schaffen. Wird in Veranlassung kriegerischer Ereignisse die rechtzeitige Vornahme der Handlung durch höhere Gewalt verhindert, so soll sich die für ihre Vornahme vorgeschriebene Frist um so viel verlängern, als zur Vornahme der Handlung erforderlich ist, mindestens aber um sechs Werktage nach Wegfall des Hindernisses (§ 1). Da der Nachweis des Vorliegens einer höheren Gewalt trotz der im Abs. 2 des § 1 nach dieser Richtung geschaffenen Erleichterungen im Einzelfalle Schwierigkeiten verursachen kann, wird ferner die Möglichkeit eröffnet, im Wege Kaiserlicher Verordnung eine Verlängerung der fraglichen Fristen um bestimmte Zeiträume für den ganzen Geltungsbereich des Gesetzes oder Teile desselben eintreten zu lassen (§ 2).

Der Gedanke, daß dem Wechselinhaber bei Versäumung der Fristen die Berufung auf höhere Gewalt offen steht, ist in verschiedenen fremden Rechten, so insbesondere im französischen, im englisch-amerikanischen und im skandinavischen Rechte, bereits gegenwärtig teils durch die Rechtsprechung, teils durch Gesetz anerkannt und hat auch auf der Haager Wechselrechtskonferenz allgemeine Zustimmung gefunden. Um so weniger wird es einem Bedenken unterliegen, für einen besonders gearteten Fall der höheren Gewalt eine entsprechende Regelung vorzusehen.

§ 1. Wird in Veranlassung kriegerischer Ereignisse die rechtzeitige Vornahme einer Handlung, deren es zur Ausübung oder Erhaltung des Wechselrechts oder des Regreßrechts aus dem Scheck bedarf, durch höhere Gewalt verhindert, so verlängern sich die für die Vornahme der Handlung vorgeschriebenen Fristen um soviel als erforderlich ist, um nach Wegfall des Hindernisses die Handlung vorzunehmen, mindestens aber bis zum Ablauf von sechs Werktagen nach dem Wegfall des Hindernisses.*)

---

*) vgl. besonders die unten S. 79 fg. abgedruckten Bekanntmachungen.

Als Verhinderung durch höhere Gewalt gilt es insbesondere:

1. wenn der Ort, wo die Handlung vorgenommen werden muß, von dem Feinde besetzt ist; es sei denn, daß sie bei Anwendung der im Verkehr erforderlichen Sorgfalt trotzdem bewirkt werden kann;
2. wenn die zwecks Herbeiführung der Handlung zu benutzende Postverbindung derart unterbrochen ist, daß ein geregelter Postverkehr nicht mehr besteht.

1. Die Vorschrift des § 1 setzt voraus, daß ein als höhere Gewalt anzusehendes Hindernis zur Zeit des Ablaufs der Frist noch besteht oder erst so kurz vorher behoben wird, daß die fristgemäße Vornahme der Handlung nicht mehr möglich ist. Nur in diesem Falle, nicht schon bei dem Bestehen von Hindernissen zu irgendeiner Zeit während des Laufes der Frist, kann man davon sprechen, daß die rechtzeitige Vornahme der Handlung durch höhere Gewalt verhindert wird.

Ist das Hindernis beseitigt, so muß dem zu der Handlung Verpflichteten noch ein für ihre Nachholung ausreichender Zeitraum zur Verfügung bleiben. Da er möglicherweise nicht sofort über die Beseitigung des Hindernisses unterrichtet sein wird, so gewährt ihm der Entwurf eine Mindestfrist von sechs Werktagen nach dessen Behebung. (Begr.)

2. Zu den Handlungen, deren es zur Ausübung oder Erhaltung des Wechselrechts oder des Regreßrechts aus dem Scheck bedarf, gehört neben der Präsentation und dem Protest auch die Benachrichtigung der Regreßpflichtigen von der Nichtzahlung des Wechsels oder des Schecks (Artikel 45 der Wechselordnung, § 17 des Scheckgesetzes), da die Versäumung der Benachrichtigung den Verlust des Anspruchs auf Zinsen und Kosten nach sich zieht. Nicht unter die Vorschrift fällt dagegen die binnen einer Frist von zwei Tagen vorzunehmende Benachrichtigung des Honoraten durch den Ehrenakzeptanten, da hier die Unterlassung nicht den Verlust eines Wechselrechts, sondern nur einen Schadensersatzanspruch begründet (Artikel 58 der Wechselordnung). In diesem Falle liegt auch kein Bedürfnis für die Anwendung des Entwurfs vor, da bereits nach dem geltenden Rechte der Schadensersatzanspruch wegfällt, wenn der Ehrenakzeptant ohne sein Verschulden, also namentlich durch höhere Gewalt, an der Benachrichtigung verhindert war. Auch bei den Verjährungsfristen (Artikel 77 ff., 100 der Wechselordnung, Artikel 20, 22 des Scheckgesetzes) handelt es sich nicht um Fristen im Sinne des § 1. Ihre Einbeziehung erübrigt sich, da hier schon der § 203 des Bürgerlichen Gesetzbuchs ausreichenden Schutz bietet. (Begr.)

3. Der Begriff der höheren Gewalt bedarf keiner Erläuterung; er ist im gleichen Sinne gebraucht wie in sonstigen Reichsgesetzen. (Begr.)

4. Der Abs. 2 bezweckt eine Erleichterung des Beweises, daß höhere Gewalt vorlag; er bezeichnet zwei besonders wichtige Fälle als solche, bei denen eine Verhinderung durch höhere Gewalt ohne weiteres anzunehmen ist. In dem ersten dieser Fälle — Besetzung eines Ortes durch den Feind — wird jedoch die Vornahme von Wechselhandlungen nicht schlechthin ausgeschlossen sein; es ist daher dem in Anspruch genommenen Wechselverpflichteten die Berufung darauf gestattet, daß trotz der Besetzung des Ortes die Vornahme der Handlung bei Anwendung der im Verkehr erforderlichen Sorgfalt möglich gewesen sei (Abs. 2 Nr. 1). Der zweite Fall betrifft die Störung der Postverbindungen. War für die Herbeiführung der Handlung die Post zu benutzen, so soll der Nachweis genügen, daß infolge der Unterbrechung der in Betracht kommenden Verbindungen ein geregelter Postverkehr nicht mehr bestand (Abs. 2 Nr. 2). Der Entwurf geht davon aus, daß in diesem Falle dem Inhaber der Versuch einer Vorlegung des Wechsels durch andere Mittel nicht zugemutet werden kann. (Begr.)

§ 2. Unbeschadet der Vorschrift des § 1 können die dort bezeichneten Fristen im Falle kriegerischer Ereignisse durch Kaiserliche Verordnung mit Zustimmung des Bundesrats für das gesamte Reichsgebiet oder für Teile des Reichsgebiets um einen bestimmten Zeitraum verlängert werden.

Diese Vorschrift findet auf die Schutzgebiete mit der Maßgabe Anwendung, daß es der Zustimmung des Bundesrats nicht bedarf.

1. Eine Verlängerung der im § 1 bezeichneten Fristen um bestimmte Zeiträume wird sich insbesondere empfehlen, soweit Teile des Reichs oder seiner Kolonien in derartiger Weise durch Kriegsereignisse betroffen sind, daß dort in besonders starkem Maße allgemeine Verkehrsstockungen eintreten. Eine solche Verordnung wird Zweifel und Streitigkeiten darüber, ob höhere Gewalt die Vornahme von Wechselhandlungen verhindert hat, von vornherein abschneiden. Der Erlaß von Bestimmungen dieser Art wird von dem wechselnden Gange der kriegerischen Ereignisse und dem jeweiligen Bedürfnis abhängen. Da es sich um Entschließungen handelt, die mit Beschleunigung und möglicherweise auch in Zeiten, wo der Reichstag nicht versammelt ist, zu treffen sind, so ist es zweckmäßig, sie einer Kaiserlichen Verordnung vorzubehalten; für das Reichsgebiet verlangt der Entwurf außerdem die Zustimmung des Bundesrats. Die Verordnungen werden geeignetenfalls mit rückwirkender Kraft auszustatten sein. (Begr.)

2. Wie die Eingangsworte des § 2 ergeben, wird die Geltung der Vorschriften des § 1 durch eine gemäß § 2 erlassene Verordnung nicht berührt. Sollte es sich ereignen, daß die Fristverlängerung gemäß § 2 abgelaufen ist und dennoch die Voraussetzungen des § 1 in einem einzelnen Falle noch gegeben sind, so würde es dem zur Vornahme der Handlung Verpflichteten unbenommen sein, den Schutz des § 1 für sich in Anspruch zu nehmen. (Begr.)

§ 3. Der Bundesrat wird ermächtigt, während der Zeit des Krieges diejenigen gesetzlichen Maßnahmen anzuordnen, welche sich zur Abhilfe wirtschaftlicher Schädigungen als notwendig erweisen.

Diese Maßnahmen sind dem Reichstag bei seinem nächsten Zusammentritt zur Kenntnis zu bringen und auf sein Verlangen aufzuheben.

1. In den gegenwärtigen ernsten Zeiten ist es ferner erforderlich, über den Rahmen der Vorschriften in den §§ 1 und 2 hinaus die Möglichkeit zu schaffen, etwaigen wirtschaftlichen Schädigungen gegenüber unverzüglich entsprechende gesetzliche Maßnahmen ergreifen zu können. Hierzu bedarf es einer besonderen Ermächtigung des Bundesrats. Änderungen der sozialpolitischen und der Arbeiterschutzgesetze kommen dabei nicht in Betracht. (Begr.)

§ 4. Dieses Gesetz tritt mit seiner Verkündung in Kraft. Der Zeitpunkt, in dem das Gesetz außer Kraft tritt, wird durch Kaiserliche Verordnung mit Zustimmung des Bundesrats bestimmt.

1. Der vorliegende Entwurf will einem vorübergehenden dringenden Bedürfnis Rechnung tragen. Es rechtfertigt sich daher, das sofortige Inkrafttreten anzuordnen, anderseits aber für die Außerkraftsetzung im Falle des Wegfalls des Bedürfnisses Vorsorge zu treffen. (Begr.)

Zu diesem Gesetz ergingen folgende Bekanntmachungen:

1. Bekanntmachung, betreffend Verlängerung der Fristen des Wechsel- und Scheckrechts.

Vom 6. August 1914 (RGBl. S. 357).

Auf Grund von § 3 des Gesetzes über die Ermächtigung des Bundesrats zu wirtschaftlichen Maßnahmen und über die Verlängerung der Fristen des Wechsel- und Scheckrechts im Falle kriegerischer Ereignisse vom 4. August 1914 (Reichs-Gesetzbl. S. 327) hat der Bundesrat die folgenden Anordnungen getroffen:

§ 1. Die Fristen für die Vornahme einer Handlung, deren es zur Ausübung oder Erhaltung des Wechselrechts oder des Regreßrechts aus dem Scheck bedarf, werden bis auf weiteres, soweit sie nicht am 31. Juli 1914 abgelaufen waren, um 30 Tage verlängert.

§ 2. Diese Vorschrift tritt mit dem Tage der Verkündung in Kraft.

Berlin, den 6. August 1914.

Der Stellvertreter des Reichskanzlers.

Delbrück.

---

2. Bekanntmachung über die gerichtliche Bewilligung von Zahlungsfristen.

Vom 7. August 1914 (RGBl. S. 359).

Der Bundesrat hat auf Grund des § 3 des Gesetzes über die Ermächtigung des Bundesrats zu wirtschaftlichen Maßnahmen und über die Verlängerung der Fristen des Wechsel- und Scheckrechts im Falle kriegerischer Ereignisse vom 4. August 1914 (Reichs-Gesetzbl. S. 327) folgende Verordnung erlassen:

§ 1. In bürgerlichen Rechtsstreitigkeiten, die bei den ordentlichen Gerichten anhängig sind oder anhängig werden, kann das Prozeßgericht auf Antrag des Beklagten eine mit der Verkündung des Urteils beginnende Zahlungsfrist von längstens drei Monaten in dem Urteil bestimmen. Die Bestimmung ist zulässig, wenn die Lage des Beklagten sie rechtfertigt und die Zahlungsfrist dem Kläger nicht einen unverhältnismäßigen Nachteil bringt. Sie kann für den Gesamtbetrag oder einen Teilbetrag der Forderung erfolgen und von der Leistung einer nach freiem Ermessen des Gerichts zu bestimmenden Sicherheit abhängig gemacht werden.

Der Antrag ist nur zulässig, wenn Gegenstand des Rechtsstreits eine vor dem 31. Juli 1914 entstandene Geldforderung ist. Die tatsächlichen Behauptungen, die den Antrag begründen, sind glaubhaft zu machen.

Der Zinsenlauf wird durch die Bestimmung der Zahlungsfrist nicht berührt.

§ 2. Der Schuldner ist befugt, unter Anerkennung der Forderung des Gläubigers diesen vor das Amtsgericht, vor dem der Gläubiger seinen allgemeinen Gerichtsstand hat, zur Verhandlung über die Bestimmung einer Zahlungsfrist zu laden. In dem auf Antrag des Gläubigers zu erlassenden Anerkenntnisurteil ist zugleich über die Bestimmung einer Zahlungsfrist zu erkennen. Die Vorschriften des § 1 sind entsprechend anzuwenden.

§ 3. Das Vollstreckungsgericht kann die Vollstreckung in das Vermögen des Schuldners auf dessen Antrag für die Dauer von längstens drei Monaten einstellen. Die Frist beginnt mit der Bekanntmachung des Beschlusses an den Schuldner. Die Vorschriften des § 1 Abs. 1 Satz 2, 3, Abs. 2 sind entsprechend anzuwenden.

Ist eine Zahlungsfrist bereits nach den §§ 1, 2 bestimmt worden, so findet § 3 Abs. 1 keine Anwendung.

§ 4. Wird ein Rechtsstreit durch einen vor Gericht abgeschlossenen oder dem Gerichte mitgeteilten Vergleich erledigt, so werden die Gerichtsgebühren nur zur Hälfte erhoben; übersteigt der Streitgegenstand nicht einhundert Mark, so werden Gerichtsgebühren nicht erhoben.

Das gleiche gilt, wenn ein Anerkenntnisurteil nach § 2 ergeht.

§ 5. Diese Verordnung tritt mit dem Tage der Verkündung in Kraft.

Berlin, den 7. August 1914.

Der Stellvertreter des Reichskanzlers.

Delbrück.

3. Bekanntmachung, betreffend die Verlängerung der Fristen für wechsel- und scheckrechtliche Handlungen.

Vom 7. August 1914 (RGBl. S. 361).

Der Bundesrat hat auf Grund des § 3 des Gesetzes über die Ermächtigung des Bundesrats zu wirtschaftlichen Maßnahmen und über die Verlängerung der Fristen des Wechsel- und Scheckrechts im Falle kriegerischer Ereignisse vom 4. August 1914 (Reichs-Gesetzbl. S. 327) beschlossen, daß die im § 1 Abs. 1 des genannten Gesetzes getroffene Vorschrift auch dann für anwendbar zu erachten ist, wenn die rechtzeitige Vornahme einer Handlung, deren es zur Ausübung oder Erhaltung der Rechte aus einem Wechsel oder einem Scheck bedarf, durch eine im Ausland erlassene gesetzliche Vorschrift verhindert wird.

Berlin, den 7. August 1914.

Der Stellvertreter des Reichskanzlers.
Delbrück.

---

4. Bekanntmachung über die Geltendmachung von Ansprüchen von Personen, die im Ausland ihren Wohnsitz haben.

Vom 7. August 1914 (RGBl. S. 360).

Der Bundesrat hat auf Grund des § 3 des Gesetzes vom 4. August 1914 (Reichs-Gesetzbl. S. 327) über die Ermächtigung des Bundesrats zu wirtschaftlichen Maßnahmen und über die Verlängerung der Fristen des Wechsel- und Scheckrechts im Falle kriegerischer Ereignisse folgende Verordnung erlassen:

§ 1. Personen, die im Ausland ihren Wohnsitz haben, sowie juristische Personen, die im Ausland ihren Sitz haben, können vermögensrechtliche Ansprüche, die vor dem 31. Juli 1914 entstanden sind, bis zum 31. Oktober 1914 vor inländischen Gerichten nicht geltend machen. Ist ein Anspruch vor dem Inkrafttreten dieser Vorschrift bereits rechtshängig geworden, so wird das Verfahren bis zum 31. Oktober 1914 unterbrochen.

Der Reichskanzler ist ermächtigt, Ausnahmen von diesen Vorschriften zuzulassen. Er kann aus Gründen der Vergeltung die Vorschriften auf Angehörige und juristische Personen eines ausländischen Staates ohne Rücksicht auf den Wohnsitz oder Sitz für anwendbar erklären.

§ 2. Die Vorschriften des § 1 Abs. 1 finden keine Anwendung auf Ansprüche, die im Betriebe der von den dort bezeichneten physischen oder juristischen Personen im Inland unterhaltenen gewerblichen Niederlassungen entstanden sind.

Der Reichskanzler ist ermächtigt, aus Gründen der Vergeltung die Vorschriften auf Ansprüche der im Abs. 1 bezeichneten Art auszudehnen.

§ 3. Die in den §§ 1, 2 vorgesehene Beschränkung in der Geltendmachung von Ansprüchen, mit Einschluß der Unterbrechung des Verfahrens, gilt auch für die Rechtsnachfolger der von der Beschränkung betroffenen Personen, sofern nicht die Ansprüche vor dem 31. Juli 1914 auf sie übergegangen sind.

§ 4. Diese Verordnung tritt mit dem Tage der Verkündung in Kraft.

Berlin, den 7. August 1914.

Der Reichskanzler.
In Vertretung: Delbrück.

---

5. Bekanntmachung, betreffend die Anordnung einer Geschäftsaufsicht zur Abwendung des Konkursverfahrens.

Vom 8. August 1914 (RGBl. S. 363).

Der Bundesrat hat auf Grund des § 3 des Gesetzes über die Ermächtigung des Bundesrats zu wirtschaftlichen Maßnahmen usw. vom 4. August 1914 (Reichs-Gesetzbl. S. 327) folgende Verordnung erlassen:

§ 1. Wer infolge des Krieges zahlungsunfähig geworden ist, kann bei dem für die Eröffnung des Konkursverfahrens zuständigen Gerichte die Anordnung einer Geschäftsaufsicht zur Abwendung des Konkursverfahrens beantragen.

§ 2. Der Schuldner hat mit dem Antrag ein Verzeichnis der Gläubiger unter Angabe ihrer Adressen, eine Übersicht des Vermögensstandes in Form einer Gegenüberstellung der einzeln aufzuführenden Aktiven und Passiven und, sofern er Kaufmann ist, auch die letzte Bilanz einzureichen.

§ 3. Dem Antrag ist stattzugeben, wenn die Behebung der Zahlungsunfähigkeit nach Beendigung des Krieges in Aussicht genommen werden kann.

Das Gericht entscheidet über den Antrag nach freiem Ermessen.

§ 4. Wird dem Antrag stattgegeben, so bestellt das Gericht eine oder mehrere Personen zur Beaufsichtigung der Geschäftsführung des Schuldners und teilt den Gläubigern die Anordnung der Geschäftsaufsicht und die Aufsichtspersonen mit.

§ 72, § 73 Abs. 1, 2 und § 75 der Konkursordnung gelten entsprechend. Öffentliche Bekanntmachungen finden nicht statt.

§ 5. Während der Dauer der Geschäftsaufsicht darf das Konkursverfahren über das Vermögen des Schuldners nicht eröffnet werden. Arreste und Zwangsvollstreckungen in das Vermögen des Schuldners finden nur zugunsten der Gläubiger statt, die vom Verfahren nicht betroffen werden (§ 9).

§ 6. Die Aufsichtspersonen haben die Geschäftsführung des Schuldners zu unterstützen und zu überwachen. Zu diesem Zwecke können sie die erforderlichen Maßnahmen treffen, insbesondere die Geschäftsführung ganz oder teilweise einer anderen Person übertragen. Widerspricht der Schuldner, so hat das Gericht das Erforderliche anzuordnen.

Für die Aufsichtspersonen gelten die §§ 81 Abs. 2, 82, 83, 84 Abs. 1 Satz 1 und Abs. 2 der Konkursordnung entsprechend.

Die Aufsichtspersonen haben gegen den Schuldner Anspruch auf Erstattung angemessener barer Auslagen und auf Vergütung für ihre Geschäftsführung. Die Festsetzung der Auslagen und der Vergütung erfolgt durch das Gericht.

§ 7. Der Schuldner ist verpflichtet, jeder Aufsichtsperson Einsicht in seine Geschäftsbücher und sonstigen Aufzeichnungen zu gewähren und Auskunft über den Stand seines Vermögens und über seine Geschäfte zu geben.

Der Schuldner soll ohne Zustimmung der Aufsichtspersonen weder unentgeltliche Verfügungen oder Verfügungen über Grundstücke und Rechte an Grundstücken vornehmen, noch Ansprüche befriedigen oder sicherstellen, noch auch andere als solche Verbindlichkeiten eingehen, die zur Fortführung des Geschäfts oder zu einer bescheidenen Lebensführung des Schuldners und seiner Familie erforderlich sind.

§ 8. Die vorhandenen Mittel sind, soweit sie nicht zur Fortführung des Geschäfts und zu einer bescheidenen Lebensführung des Schuldners und seiner Familie erforderlich sind, zur Befriedigung der Gläubiger zu verwenden; Umfang und Reihenfolge der Befriedigung bestimmen die Aufsichtspersonen nach billigem Ermessen. In Streitfällen entscheidet das Gericht.

§ 9. Von dem Verfahren werden nicht betroffen:

1. die Gläubiger, deren Ansprüche auf Rechtshandlungen des Schuldners beruhen, die dieser nach der Anordnung der Geschäftsaufsicht mit Zustimmung der Aufsichtspersonen vorgenommen hat oder ohne solche Zustimmung vornehmen durfte;
2. die Gläubiger, denen nach § 43 der Konkursordnung im Falle des Konkurses ein Anspruch auf Aussonderung zusteht;
3. die Gläubiger, soweit sie im Falle des Konkurses abgesonderte Befriedigung beanspruchen können;
4. die im § 61 Ziffer 1 und 2 der Konkursordnung bezeichneten Gläubiger wegen der dort angegebenen Forderungen, auch soweit sie nach der Anordnung der Geschäftsaufsicht fällig werden.

§ 10. Handelt der Schuldner seinen Verpflichtungen zuwider oder liegen sonstige wichtige Gründe vor, so kann das Gericht das Verfahren aufheben.

§ 11. Die Entscheidungen des Gerichts sind unanfechtbar.

§ 12. Das Verfahren ist gebührenfrei; auf die Auslagen finden die Vorschriften des fünften und sechsten Abschnitts des Gerichtskostengesetzes entsprechende Anwendung. Pauschsätze werden nicht erhoben.

§ 13. Diese Verordnung tritt mit dem Tage der Verkündung in Kraft.

Berlin, den 8. August 1914.

Der Reichskanzler.
In Vertretung: Delbrück.

---

6. Bekanntmachung, betreffend die zeitweilige Außerkraftsetzung einzelner Vorschriften des Handelsgesetzbuchs usw.

Vom 8. August 1914 (RGBl. S. 365).

Der Bundesrat hat auf Grund des § 3 des Gesetzes über die Ermächtigung des Bundesrats zu wirtschaftlichen Maßnahmen usw. vom 4. August 1914 (Reichs-Gesetzbl. S. 327) folgende Verordnung erlassen:

§ 1. Die nachstehenden Vorschriften werden, soweit sie die Verpflichtung, bei Zahlungsunfähigkeit einer Gesellschaft oder einer Genossenschaft die Eröffnung des Konkursverfahrens zu beantragen, sowie das Verbot von Zahlungen nach Eintritt der Zahlungsunfähigkeit betreffen, bis auf weiteres außer Kraft gesetzt:

1. die Vorschriften des § 240 Abs. 2, des § 241 Abs. 3, 4, des § 249 Abs. 3, des § 298 Abs. 2, des § 315, des § 325 Nr. 8 des Handelsgesetzbuchs;
2. die Vorschriften der §§ 64, 71, 84 des Gesetzes, betreffend die Gesellschaften mit beschränkter Haftung;
3. die Vorschriften der §§ 99, 118, 142, 148 des Gesetzes, betreffend die Erwerbs- und Wirtschaftsgenossenschaften.

§ 2. Diese Verordnung tritt mit dem Tage der Verkündung in Kraft.

Berlin, den 8. August 1914.

Der Reichskanzler.
In Vertretung: Delbrück.

---

7. Bekanntmachung über die Fälligkeit im Ausland ausgestellter Wechsel.
Vom 10. August 1914 (RGBl. S. 368).

Der Bundesrat hat auf Grund des § 3 des Gesetzes über die Ermächtigung des Bundesrats zu wirtschaftlichen Maßnahmen usw. vom 4. August 1914 (Reichs-Gesetzbl. S. 327) folgende Verordnung erlassen:

§ 1. Die Fälligkeit aller Wechsel, die im Ausland vor dem 31. Juli 1914 ausgestellt worden und im Inland zahlbar sind, wird, falls sie nicht schon am 31. Juli 1914 verfallen waren, um 3 Monate hinausgeschoben.

Eine Verpflichtung zur Entrichtung des weiteren Wechselstempels nach § 3 Abs. 2 des Wechselstempelgesetzes wird durch diese Hinausschiebung der Fälligkeit nicht begründet.

§ 2. Diese Verordnung tritt mit dem Tage der Verkündung in Kraft.

Berlin, den 10. August 1914.

Der Stellvertreter des Reichskanzlers.
Delbrück.

---

8. Bekanntmachung, betreffend Auslandswechsel.
Vom 12. August 1914 (RGBl. S. 369).

Der Bundesrat hat auf Grund des § 3 des Gesetzes über die Ermächtigung des Bundesrats zu wirtschaftlichen Maßnahmen usw. vom 4. August 1914 (Reichs-Gesetzbl. S. 327) folgende Verordnung erlassen:

§ 1. Bei Wechseln, deren Fälligkeit durch die Verordnung über die Fälligkeit im Ausland ausgestellter Wechsel vom 10. August

1914 (Reichs-Gesetzbl. S. 368) um drei Monate hinausgeschoben ist, erhöht sich die Wechselsumme um sechs Prozent jährlicher Zinsen für drei Monate.

§ 2. Für die im § 1 bezeichneten Wechsel bleibt bei Anwendung der Vorschriften des § 13 Nr. 2 und des § 17 des Bankgesetzes die durch die Verordnung vom 10. August 1914 angeordnete Hinausschiebung der Fälligkeit außer Betracht.

§ 3. Diese Verordnung tritt mit dem Tage der Verkündung in Kraft.

Berlin, den 12. August 1914.

Der Stellvertreter des Reichskanzlers.
Delbrück.

9. Bekanntmachung über die Folgen der nicht rechtzeitigen Zahlung einer Geldforderung.

Vom 18. August 1914 (RGBl. S. 377).

Der Bundesrat hat auf Grund des § 3 des Gesetzes über die Ermächtigung des Bundesrats zu wirtschaftlichen Maßnahmen usw. vom 4. August 1914 (Reichs-Gesetzbl. S. 327) folgende Verordnung erlassen:

§ 1. In bürgerlichen Rechtsstreitigkeiten, die bei den ordentlichen Gerichten anhängig sind oder anhängig werden, kann das Prozeßgericht — unbeschadet der Befugnis, gemäß der Bekanntmachung vom 7. August 1914 (Reichs-Gesetzbl. S. 359) Zahlungsfristen zu bewilligen — auf Antrag des Schuldners im Urteil anordnen, daß die besonderen Rechtsfolgen, die wegen der Nichtzahlung oder der nicht rechtzeitigen Zahlung einer vor dem 31. Juli 1914 entstandenen Geldforderung nach Gesetz oder Vertrag eingetreten sind oder eintreten (Verpflichtung zur Räumung wegen Nichtzahlung des Mietzinses, Fälligkeit des Kapitals wegen Nichtzahlung von Zinsen usw.), als nicht eingetreten gelten; das Gericht kann auch anordnen, daß die Folgen nur unter einer Bedingung, insbesondere erst nach dem fruchtlosen Ablauf einer auf höchstens drei Monate zu bemessenden Frist, eintreten.

Die Anordnungen sind unzulässig, wenn die Rechtsfolgen am 31. Juli 1914 bereits eingetreten waren.

Die Vorschriften des § 1 Abs. 1 Satz 2, 3, Abs. 2 Satz 2 sowie die Vorschriften des § 2 der Bekanntmachung vom 7. August 1914 (Reichs-Gesetzbl. S. 359) gelten entsprechend.

§ 2. Die Kosten des Prozesses können der obsiegenden Partei ganz oder teilweise auferlegt werden, wenn sie auf Grund einer gemäß § 1 getroffenen Anordnung obsiegt.

§ 3. Hat der Gläubiger für seine Forderung einen vollstreckbaren Titel, so kann der Schuldner den Antrag, die Rechtsfolgen der Nichtzahlung oder der nicht rechtzeitigen Zahlung zu beseitigen (§ 1), durch Einwendung gegen die Zulässigkeit der Vollstreckungsklausel (§ 732 der Zivilprozeßordnung) geltend machen. Diese Bestimmung findet keine Anwendung, wenn bereits eine Anordnung nach § 1 getroffen worden ist.

§ 4. Diese Verordnung tritt mit dem Tage der Verkündung in Kraft.

Berlin, den 18. August 1914.

Der Stellvertreter des Reichskanzlers.
Delbrück.

---

10. Bekanntmachung, betreffend die Befreiung von der Reichsstempelabgabe zugunsten von Gesellschaften, welche die Befriedigung des geschäftlichen Kreditbedürfnisses bezwecken.

Vom 19. August 1914 (RGBl. S. 380).

Der Bundesrat hat auf Grund des § 3 des Gesetzes über die Ermächtigung des Bundesrats zu wirtschaftlichen Maßnahmen usw. vom 4. August 1914 (Reichs-Gesetzbl. S. 327) wie folgt, beschlossen:

Inländische Gesellschaften, die nach ihrer Satzung ausschließlich die Befriedigung des aus Anlaß des gegenwärtigen

Krieges hervortretenden geschäftlichen Kreditbedürfnisses bezwecken, satzungsmäßig den Reingewinn auf eine höchstens vierprozentige, mit Genehmigung des Bundesrats fünfprozentige Verzinsung der Kapitaleinlagen beschränken, auch bei Auslosungen, Ausscheiden eines Gesellschafters oder für den Fall der Auflösung der Gesellschaft nicht mehr als den Nennwert des Anteils zusichern und bei der Auflösung den etwaigen Rest des Gesellschaftsvermögens für gemeinnützige Zwecke bestimmen, sind von der in Tarifnummer I A des Reichsstempelgesetzes angeordneten Abgabe befreit. Löst sich die Gesellschaft nach Erreichung des in Satz 1 bezeichneten Zweckes nicht auf oder ändert sie einen der vorstehenden Punkte ihrer Satzung, so ist der Stempel nachzuerheben. Bei Errichtung der in Satz 1 bezeichneten Gesellschaften ist eine Stempelabgabe aus Nr. 4a Abs. 2 des Reichsstempelgesetzes nicht zu entrichten.

Berlin, den 19. August 1914.

Der Reichskanzler.
In Vertretung:
Kühn.

XIII.

Gesetz, betreffend die Abwickelung von börsenmäßigen Zeitgeschäften in Waren.

Vom 4. August 1914 (RGBl. S. 336).

§ 1. Der Bundesrat kann anordnen, daß Börsentermingeschäfte in Waren, die gemäß § 50 Abs. 1 des

Börsengesetzes (Reichs-Gesetzbl. 1908 S. 215) zum Börsenterminhandel zugelassen sind, und Geschäfte der im § 67 des Börsengesetzes bezeichneten Art, soweit sie nach den Geschäftsbedingungen einer deutschen Börse vor dem 1. August 1914 abgeschlossen und erst nach dem Inkrafttreten dieses Gesetzes zu erfüllen sind, mit dem Inkrafttreten der Anordnung so anzusehen sind, als ob ein Vertragsteil gemäß eines ihm zustehenden Rechtes zurückgetreten ist.

§ 2. Die Landeszentralbehörde derjenigen Börse, nach deren Geschäftsbedingungen (§ 50 Abs. 2, § 67 Abs. 1 des Börsengesetzes) das Geschäft geschlossen ist, setzt einen Liquidationspreis fest.

Vor der Festsetzung des Liquidationspreises ist der Börsenvorstand zu hören. Die Marktlage vor der Erklärung des Zustandes der drohenden Kriegsgefahr ist bei der Festsetzung zu berücksichtigen.

§ 3. Ist der vereinbarte Preis niedriger als der Liquidationspreis, so kann der Käufer vom Verkäufer, und ist er höher, so kann der Verkäufer vom Käufer den Unterschied verlangen. In der Anordnung des Bundesrats ist der Zeitpunkt für die Fälligkeit der Forderung zu bestimmen.

§ 4. Auf Börsentermingeschäfte, bezüglich deren der Börsenvorstand den Erlaß der Anordnung, daß sie von der Benutzung der Börseneinrichtungen ausgeschlossen sind, gemäß § 51 Abs. 1 Satz 3 des Börsengesetzes ausgesetzt hat, finden die vorstehenden Vorschriften entsprechende Anwendung.

§ 5. Der Bundesrat kann die im § 1 bezeichnete Anordnung allgemein oder für einzelne Warengattungen oder für einzelne Börsen erlassen.

§ 6. Dieses Gesetz tritt mit seiner Verkündung in Kraft.

Begründung.

Durch den Kriegszustand ist für die Kreise, die am Börsenterminengeschäft in Waren und an dem börsenmäßigen Zeithandel in Getreide und Mehl nach den vom Bundesrate gemäß § 67 des Börsengesetzes genehmigten Geschäftsbedingungen (Bekanntmachung vom 29. Mai 1908, Reichs-Gesetzbl. S. 240) beteiligt sind und für den Warenmarkt überhaupt eine bedrohliche Lage eingetreten. Ein Teil der Produktenbörsen hat die Notierung von Preisen für den Zeithandel eingestellt, da die Grundlagen für eine kaufmännische Berechnung fortgefallen sind. Wer vorher an dieser Behörde Geschäfte auf Zeit abgeschlossen hat, kann daher weder sein Risiko übersehen noch es durch Gegengeschäfte ausgleichen. Geschäfte über alsbaldige Warenlieferungen werden dadurch zum Schaden der Allgemeinheit, die ein entscheidendes Interesse an einer verständigen Gestaltung der Warenpreise hat, im hohen Grade erschwert.

Da im Gegensatze zum Ausland die Geschäftsbedingungen für den Warenhandel an wichtigen deutschen Börsen, zum Beispiel in Berlin, keine Handhabe zu einer vorzeitigen Abwickelung der Zeitgeschäfte bieten, will der Entwurf nach dem Vorbild auswärtiger Börsenbedingungen die alsbaldige Abwickelung von allen solchen schwebenden Zeitgeschäften, gleichviel zu welchem Zeitpunkt sie fällig werden, ermöglichen. Zu diesem Zwecke soll der Bundesrat anordnen können, daß die Geschäfte rechtlich so angesehen werden, als wäre ein Vertragsteil berechtigterweise zurückgetreten. Eine Kraftloserklärung der Geschäfte wäre bedenklich, da die Geschäfte nach wie vor rechtliche Folgen äußern sollen. Diese bestehen nach dem Entwurfe (§ 3) darin, daß eine Verpflichtung zur Zahlung des Unterschieds zwischen dem Vertragspreis und einem Liquidationspreis eintritt.

Die Anordnung, für welche Warengattungen eine solche alsbaldige Abwickelung der Zeitgeschäfte ermöglicht werden soll, muß dem Bundesrat übertragen werden, weil die Regelung im Gesetze selbst nach Lage der Verhältnisse untunlich ist; die Zuständigkeit des Bundesrats und nicht der Landeszentralbehörden ist dadurch begründet, daß die Anordnungen für Börsen in verschiedenen Bundesstaaten notwendig werden können. Die Liquidationspreise dagegen müssen, da die einzelnen Geschäfte nach den Geschäftsbedingungen der verschiedenen Börsen geschlossen werden und bei ihrem Abschluß die örtlichen Verhältnisse maßgebend sind, für jede Börse besonders festgestellt werden. Bei der Verantwortlichkeit der Aufgabe kommen hierfür nur die Landeszentralbehörden als die obersten Börsenaufsichtsorgane in Betracht; die vorgeschriebene Anhörung des Börsenvorstandes gibt den Beteiligten Gelegenheit, sich über die Lage der Verhältnisse zu äußern.

Zu diesem Gesetz ist folgende Bekanntmachung ergangen:

Bekanntmachung,
betreffend die Abwickelung von börsenmäßigen Zeitgeschäften in Waren.

Vom 24. August 1914 (RGBl. S. 381).

Auf Grund der §§ 1, 3, 4 und 5 des Gesetzes, betreffend die Abwickelung von börsenmäßigen Zeitgeschäften in Waren, vom 4. August 1914 (Reichs-Gesetzbl. S. 336) hat der Bundesrat folgende Anordnung getroffen:

§ 1. Börsentermingeschäfte in Kupfer, Zinn, Zucker, Baumwolle und Kaffee, sowie Geschäfte der im § 67 des Börsengesetzes (Reichs-Gesetzbl. 1908 S. 215) bezeichneten Art in Getreide und Mehl sind, soweit sie nach den Geschäftsbedingungen einer deutschen Börse vor dem 1. August abgeschlossen und erst nach dem 4. August 1914 zu erfüllen sind, mit dem Inkrafttreten dieser Anordnung so anzusehen, als ob ein Vertragsteil gemäß eines ihm zustehenden Rechtes zurückgetreten ist. Das Gleiche gilt für Börsentermingeschäfte in Kautschuk, bezüglich deren der Börsenvorstand in Hamburg den Erlaß der Anordnung, daß sie von der Benutzung der Börseneinrichtungen ausgeschlossen sind, gemäß § 51 Abs. 1 Satz 3 des Börsengesetzes ausgesetzt hat.

Geschäfte, welche bis zum Inkrafttreten dieser Anordnung von einem Vertragsteil rechtswirksam erfüllt sind, werden von ihr nicht betroffen.

§ 2. Der Zeitpunkt für die Fälligkeit der Forderungen, die sich gemäß § 3 des Gesetzes vom 4. August 1914 (Reichs-Gesetzbl. S. 336) ergeben, wird bestimmt:

1. soweit es sich um Börsentermingeschäfte in Kupfer und Zinn handelt, bei denen die Lieferung vereinbart ist
   a) für den Monat August 1914: auf den 1. September 1914,
   für den Monat September 1914: auf den 30. September 1914,
   für den Monat Oktober 1914: auf den 31. Oktober 1914;
   b) für alle späteren Monate: auf den 30. November 1914,
   zu b mit der Maßgabe, daß für die Zeit vom 30. November 1914 bis zum letzten Tage der vereinbarten Lieferungsmonate Zwischenzinsen nach dem Jahressatze von 6 v. H. abzuziehen sind;
2. soweit es sich um Börsentermingeschäfte in Zucker handelt, bei denen die Lieferung vereinbart ist
   a) für die Monate August und September 1914: auf den 1. September 1914,
   für den Monat Oktober 1914: auf den 1. Oktober 1914,
   für den Monat November 1914: auf den 1. November 1914;
   b) für alle späteren Monate: auf den 15. November 1914,
   zu b mit der Maßgabe, daß für die Zeit vom 15. November 1914 bis zum ersten Tage der vereinbarten Lieferungsmonate Zwischenzinsen nach dem Jahressatze von 6 v. H. abzuziehen sind;
3. soweit es sich um Börsentermingeschäfte in Kaffee und Kautschuk handelt: auf den ersten Tag des vereinbarten Lieferungsmonats;

4. soweit es sich um Börsentermingeschäfte in Baumwolle und um Geschäfte der im § 67 des Börsengesetzes bezeichneten Art in Getreide und Mehl handelt: auf den 15. September 1914, mit der Maßgabe, daß bei Geschäften, die nach dem 30. September zu erfüllen sind, für die Zeit vom 15. September 1914 bis zum ersten Tage der vereinbarten Lieferungsmonate Zwischenzinsen nach dem Jahressatze von 6 v. H. abzuziehen sind.

§ 3. Diese Anordnung tritt mit dem Tage ihrer Verkündung in Kraft.

Berlin, den 24. August 1914.

Der Stellvertreter des Reichskanzlers.
Delbrück.

XIV.

Benutzung des Reichskriegsschatzes.
Vom 2. August 1914.

Mit Kaiserlicher Ermächtigung sind auf Grund der Bestimmung in § 1 Abs. 2 des Gesetzes, betreffend die Bildung eines Reichskriegsschatzes vom 11. November 1871 — Reichs-Gesetzbl. S. 403 — der im Juliusturm zu Spandau niedergelegte Reichskriegsschatz im Betrage von 120 Millionen Mark sowie der gemäß § 7 des Gesetzes über Änderungen im Finanzwesen vom 3. Juli 1913 — Reichs-Gesetzbl. S. 521 — angesammelte außerordentliche Goldbestand im gleichen Betrage bereits der Reichsbank im Hinblick auf die große Dringlichkeit der von ihr für das Reich zu leistenden Mobilmachungsausgaben unter Vorbehalt der nachträglichen Zustimmung des Bundesrats und des Reichstags überwiesen worden.

Den Reichstag beehre ich mich um diese Zustimmung ergebenst zu ersuchen.

Der Reichskanzler.
Dr. v. Bethmann Hollweg.

XV.

Gesetz, betreffend die Feststellung eines Nachtrags zum Reichshaushaltsetat für das Rechnungsjahr 1914.

Vom 4. August 1914 (RGBl. S. 345).

§ 1. Der diesem Gesetz als Anlage beigefügte Nachtrag zum Reichshaushaltsetat für das Rechnungsjahr 1914 tritt dem Reichshaushaltsetat hinzu.

§ 2. Der Reichskanzler wird ermächtigt, zur Bestreitung einmaliger außerordentlicher Ausgaben die Summe von 5 000 000 000 Mark im Wege des Kredits flüssig zu machen.

§ 3. Die zur Ausgabe gelangenden Schuldverschreibungen und Schatzanweisungen sowie die etwa zugehörenden Zinsscheine können sämtlich oder teilweise auf ausländische oder auch nach einem bestimmten Wertverhältnisse gleichzeitig auf in- und ausländische Währungen sowie im Ausland zahlbar gestellt werden.

Die Festsetzung des Wertverhältnisses sowie der näheren Bedingungen für Zahlungen im Ausland bleibt dem Reichskanzler überlassen.

§ 4. Überschüsse, die dadurch entstehen, daß fortdauernde Ausgaben der Heeres- und Marineverwaltung bei Kapitel 6 des außerordentlichen Etats anstatt im ordentlichen Etat verrechnet werden, dienen zur Verminderung der Anleihe.

§ 5. Der Reichskanzler wird ermächtigt, bei Zahlungen für das Reich, die vor der gesetzlichen oder vertraglichen Fälligkeit erfolgen, einen angemessenen Abzug zu gewähren.

Nachtrag zum Reichshaushaltsetat für das Rechnungsjahr 1914.

Kap.	Tit.	Einnahmen und Ausgaben	Für das Rechnungsjahr 1914 treten hinzu Mark	Erläuterungen
		B. Außerordentlicher Etat.		
		I. Einnahmen.		
		Reichsschuld.		
3 a.		Aus den Gold- und Silberbeständen des Reichs	300 000 000	
4.	1/3.	Aus der Anleihe	5 000 000 000	
		Summe der Einnahmen	5 300 000 000	
		II. Ausgaben.		
6.		Aus Anlaß des Krieges Aufkommende Einnahmen fließen dem Fonds zu.	5 300 000 000	Den einzelnen Reichsverwaltungen werden die erforderlichen Teilbeträge überwiesen werden.

XVI.

Gesetz, betreffend die Ergänzung der Reichsschuldenordnung.

Vom 4. August 1914 (RGBl. S. 325).

§ **1.** Die Bereitstellung der nach dem Reichshaushaltsplane zur Bestreitung einmaliger außerordentlicher Ausgaben im Wege des Kredits zu beschaffenden und der zur vorübergehenden Verstärkung der ordentlichen Betriebsmittel der Reichshauptkasse vorgesehenen Geldmittel kann in den Grenzen der gesetzlichen Ermächtigungen (§ 1 der Reichsschuldenordnung) auch durch Ausgabe von Wechseln erfolgen.

§ **2.** Die Wechsel (§ 1) werden auf Anordnung des Reichskanzlers von der Reichsschuldenverwaltung mittels Unterschrift zweier Mitglieder ausgestellt. Soweit die Vorschriften der Wechselordnung nicht entgegenstehen, finden auf diese Wechsel die nach der Reichsschuldenordnung in der Fassung des Gesetzes vom 22. Februar 1904 (Reichs-Gesetzbl. S. 66) für Schatzanweisungen geltenden Bestimmungen entsprechende Anwendung.

§ **3.** Die vom Reiche ausgestellten Wechsel sind von der Wechselstempelsteuer befreit.

§ **4.** Der Bundesrat wird ermächtigt, den Zeitpunkt zu bestimmen, zu welchem dieses Gesetz wieder außer Kraft tritt.

§ **5.** Dieses Gesetz tritt mit dem Tage der Verkündung in Kraft.

Die amtliche Begründung führt aus:

Der Wechsel bildet wegen seiner großen geschäftlichen Vorzüge für den gesamten Geld- und Handelsverkehr die althergebrachte, von jeher wichtigste Kreditform. Vermöge dieser langjährigen Gewöhnung hat der Wechsel auf dem Markte eine vollständige Einbürgerung erlangt, während die Schatzanweisung als Mittel des Staatskredits im allgemeinen mehr fremd geblieben ist. Namentlich gilt dies im Verkehre mit den ausländischen Märkten, für die der Wechsel auch wegen niedriger Versendungskosten sowie hier und da in steuerlicher Hinsicht Vorteile vor der Schatzanweisung bietet. Wenn nun auch die letztere mit Rücksicht darauf, daß das Reich der Schuldner ist, unbedingte Sicherheit gewährt, so erscheint es doch namentlich in kritischen Zeiten, wie sie durch den Kriegsausbruch zu erwarten sind, ratsam, den Gepflogenheiten des Marktes dadurch Rechnung zu tragen, daß für die Flüssigmachung der Reichskredite auch die Wechselform eingeführt wird. Dies gewinnt dadurch noch eine erhöhte Bedeutung, daß nach dem dem Bundesrate vorgelegten Entwurf eines Gesetzes, betreffend die Änderung des Bankgesetzes, in Aussicht genommen ist, den das Reich verpflichtenden Wechseln mit einer Verfallzeit von höchstens drei Monaten auch ohne die zweite Unterschrift die Eigenschaft eines bankfähigen Schuldpapiers im Sinne der §§ 13 Ziffer 4, und 17 a. a. O. beizulegen.

Für die fragliche Einführung der Wechselform bedarf es einer Ergänzung der Reichsschuldenordnung, da diese als Schuldformen nur die Schuldverschreibung und die Schatzanweisung gestattet. Der § 1 des Entwurfs sieht deshalb die Möglichkeit vor, die im Wege des Kredits zu beschaffenden Geldmittel, und zwar sowohl die nach dem Reichshaushaltsplane zur Bestreitung einmaliger außerordentlicher Ausgaben als auch die zur vorübergehenden Verstärkung der ordentlichen Betriebsmittel der Reichshauptkasse bewilligten gleichfalls durch Ausgabe von Wechseln bereitzustellen. Diese Wechsel sollen wie die Schuldverschreibungen und Schatzanweisungen zufolge § 2 des Entwurfs von der Reichsschuldenverwaltung ausgestellt werden, weil diese Behörde mit der ihr durch den § 9 der Reichsschuldenordnung beigelegten Verantwortlichkeit die gesamte Reichsschuld zu verwalten hat und es daher im Interesse der Einheitlichkeit nicht angängig erscheint, einen Teil der Reichsschuld etwa für den Reichskanzler auszunehmen, wie dies an sich bei der Ausstellung von Wechseln nahe liegen würde. Daß die Wechsel des Reichs namentlich hinsichtlich der äußeren Form und der eintretenden Rechtswirkungen gerade im Interesse der leichteren Begebbarkeit den Bestimmungen der Wechselordnung unterworfen sind, bedarf keiner weiteren Ausführung. Es sei nur darauf hingewiesen, daß die wechselmäßige Verpflichtung des Reichs behufs einer auch den Verkehr mit diesen Wechseln fördernden geschäftlichen Vereinfachung schon durch die Unterschriften zweier Mitglieder der Reichsschuldenverwaltung begründet werden soll. Dabei mag erwähnt werden, daß zu diesen bei dem kollegialen Charakter der Reichsschuldenverwaltung auch die Unterschrift des Präsidenten dieser Behörde gehört. Im übrigen sollen aber die für Schatzanweisungen als der gleichfalls kurzfristigen Kreditform geltenden Vorschriften der Reichsschuldenordnung auch auf diese Wechsel sinngemäß anwendbar sein. Dies entspricht dem Bedürfnis, da es auf diese Weise möglich sein wird, daß z. B. Schatzanweisungen durch Wechsel eingelöst werden können und umgekehrt, desgleichen Wechsel durch Schuldverschreibungen. Für die geschäftliche Behandlung der Reichskredite wird es dabei von besonderer Wichtigkeit sein, daß die den Verkehr mit Schatzanweisungen erleichternden Vorschriften des Abänderungsgesetzes vom 22. Februar 1904 (Reichs-Gesetzbl. S. 66) auch bei den Wechseln Platz greifen können.

Die Befreiung der vom Reiche ausgestellten Wechsel von der Wechselstempelsteuer (§ 3 des Entwurfs) bedarf keiner Begründung.

Da der Wechsel als Kreditform des Reichs wesentlich mit Rücksicht auf die von dem Kriege zu besorgende Beunruhigung des Geldmarkts zugelassen werden soll, deren Ende jedoch nicht vorhergesehen werden kann, so soll durch den § 4 des Entwurfs dem Bundesrate die Ermächtigung erteilt werden, den Zeitpunkt zu bestimmen, zu welchem das Gesetz wieder außer Kraft tritt.

Daß nach § 5 des Entwurfs das Gesetz mit dem Tage der Verkündigung in Kraft treten soll, entspricht den durch den Kriegsausbruch geschaffenen Verhältnissen.

Die hier im wesentlichen in Betracht kommenden Paragraphen der Reichsschuldenordnung (vom 19. März 1900, RGBl. 1900 S. 129) in der abgeänderten Fassung vom 22. Februar 1904 lauten:

§ 1. Die Bereitstellung der außerordentlichen, im Wege des Kredits zu beschaffenden Geldmittel, welche in dem Reichshaushaltsplane zur Bestreitung einmaliger Ausgaben für Zwecke der Reichsverwaltung vorgesehen sind, erfolgt auf Grund einer gesetzlichen Ermächtigung des Reichskanzlers bis zur Höhe der bewilligten Summe in dem zu ihrer Beschaffung erforderlichen Nennbetrage durch Aufnahme einer verzinslichen Anleihe oder durch Ausgabe von Schatzanweisungen. Diese Ermächtigung enthält sogleich die Befugnis, Schatzanweisungen durch Ausgabe von neuen Schatzanweisungen und von Schuldverschreibungen in dem erforderlichen Nennbetrag einzulösen. Über die Ausführung des die Ermächtigung erteilenden Gesetzes hat der Reichskanzler dem Reichstage bei dessen nächster Zusammenkunft Rechenschaft abzulegen.

Die Ermächtigung des Reichskanzlers, zur vorübergehenden Verstärkung der ordentlichen Betriebsmittel der Reichs-Hauptkasse nach Bedarf Schatzanweisungen auszugeben, hat gleichfalls durch Gesetz zu erfolgen.

§ 7. Die Bestimmung darüber, zu welcher Zeit und in welchen Beträgen Schatzanweisungen ausgegeben werden sollen, steht, soweit nicht in den im § 1 vorgesehenen Ermächtigungen ein Anderes vorgeschrieben ist, dem Reichskanzler zu. Das Gleiche gilt von der Bestimmung des Zinssatzes und der Umlaufszeit; der Fälligkeitstermin ist in den Schatzanweisungen anzugeben.

Nach Anordnung des Reichskanzlers können Schatzanweisungen wiederholt, jedoch nur zur Deckung der in den Verkehr gelangten Schatzanweisungen ausgegeben werden. Schatzanweisungen oder Schuldverschreibungen, die zur Einlösung von fällig werdenden Schatzanweisungen bestimmt sind, hat die Reichsschuldenverwaltung auf Anordnung des Reichskanzlers vierzehn Tage vor dem Fälligkeitstermine zur Verfügung zu halten. Die Verzinsung der neuen Schuldpapiere darf nicht vor dem Zeitpunkte beginnen, mit dem die Verzinsung der einzulösenden Schatzanweisungen aufhört.

Die Umlaufzeit der zur vorübergehenden Verstärkung der ordentlichen Betriebsmittel der Reichs-Hauptkasse bestimmten Schatzanweisungen darf den Zeitraum von sechs Monaten nach dem Ablaufe des betreffenden Rechnungsjahrs nicht überschreiten.

Die Schatzanweisungen werden von der Reichsschuldenverwaltung ausgestellt; auf die Ausfertigung finden die Vorschriften des § 4 Anwendung. Die Ausgabe der Schatzanweisungen wird durch die Reichskasse bewirkt.

§ 8. Die für die Verzinsung und Tilgung der Anleihe sowie für die Verzinsung und Einlösung der Schatzanweisungen erforderlichen Beträge müssen der Reichsschuldenverwaltung zur Verfallzeit aus den bereitesten Einkünften des Reichs zur Verfügung gestellt werden.

Welche Teile der Anleihe getilgt werden sollen, bestimmt in Ermangelung besonderer gesetzlicher Vorschriften der Reichskanzler.

§ 16. Wird der Reichsschuldenverwaltung der Verlust einer Schuldverschreibung oder Schatzanweisung von dem bisherigen Inhaber mit der Behauptung angezeigt, daß die Schuldurkunde vernichtet sei, so hat ihm auf seinen Antrag die Reichsschuldenverwaltung eine neue Schuldverschreibung oder Schatzanweisung zu erteilen, falls sie die Vernichtung der Urkunde für nachgewiesen erachtet. Die Kosten hat der bisherige Inhaber zu tragen und vorzuschießen.

Ist ein Zinsschein abhanden gekommen oder vernichtet, so ist der im § 804 Abs. 1 des Bürgerlichen Gesetzbuchs bestimmte Anspruch ausgeschlossen, ohne daß es der Ausschließung in dem Scheine bedarf.

Behauptet der bisherige Inhaber eines Zinsscheins, daß der Schein vernichtet sei, so finden die Vorschriften des Abs. 1 Anwendung.

§ 17. Für das Aufgebotsverfahren zum Zwecke der Kraftloserklärung einer auf den Inhaber lautenden Schuldverschreibung oder Schatzanweisung ist dasjenige Amtsgericht ausschließlich zuständig, in dessen Bezirke die Reichsschuldenverwaltung ihren Sitz hat.

Durch Anordnung des Reichskanzlers kann die Anwendung der Vorschrift des Abs. 1 für einzelne Teile der Anleihe im voraus ausgeschlossen werden. Über die Ausführung einer solchen Anordnung hat der Reichskanzler dem Reichstage, wenn dieser versammelt ist, sofort, andernfalls bei dessen nächster Zusammenkunft Rechenschaft abzulegen.

§ 18. Soll eine Schuldverschreibung oder Schatzanweisung für kraftlos erklärt werden, so muß die öffentliche Bekanntmachung des Aufgebots und des Ausschlußurteils, unbeschadet der Vorschriften der §§ 1009, 1017 der Zivilprozeßordnung, auch durch einmalige Einrückung in eine in Hamburg, eine in Leipzig, eine in Frankfurt a. M. und eine in München erscheinende Zeitung erfolgen; die Bestimmung und die Veröffentlichung dieser Zeitungen im Deutschen Reichsanzeiger sind jährlich durch den Reichskanzler zu veranlassen.

§ 19. Die Reichsschuldenverwaltung hat jährlich amtliche Listen der im abgelaufenen Rechnungsjahre für kraftlos erklärten Schuldverschreibungen und Schatzanweisungen durch den Deutschen Reichsanzeiger und die im § 18 bezeichneten Blätter sowie durch Aushang auf der Börse in Berlin und den Börsen der im § 18 bezeichneten Orte zu veröffentlichen.

Die Reichsschuldenverwaltung kann noch andere Veröffentlichungen veranlassen.

§ 21. Von dem Inkrafttreten dieses Gesetzes an gelten für die vorher ausgestellten, auf den Inhaber lautenden Schuldverschreibungen, Zinsscheine und Schatzanweisungen für Vorschriften der §§ 798 bis 802, 805 und des § 806 Satz 1 des Bürgerlichen Gesetzbuchs, die Vorschriften der Zivilprozeßordnung über das Aufgebotsverfahren zum Zwecke der Kraftloserklärung einer abhanden gekommenen oder vernichteten Urkunde sowie die Vorschriften der §§ 17 bis 19 dieses Gesetzes.

Den vor dem Inkrafttreten dieses Gesetzes aufgestellten Schuldverschreibungen, Zinsscheinen und Schatzanweisungen stehen diejenigen Schuldverschreibungen, Zinsscheine und Schatzanweisungen gleich, welche nach dieser Zeit auf Grund einer früheren gesetzlichen Ermächtigung ausgegeben werden.

XVII.

Gesetz, betreffend Höchstpreise.

Vom 4. August 1914 (RGBl. S. 339).

§ 1. Für die Dauer des gegenwärtigen Krieges können für Gegenstände des täglichen Bedarfs, insbesondere für Nahrungs- und Futtermittel aller Art sowie für rohe Naturerzeugnisse, Heiz- und Leuchtstoffe Höchstpreise festgesetzt werden.

§ 2. Weigert sich trotz Aufforderung der zuständigen Behörde ein Besitzer der im § 1 genannten Gegenstände, sie zu den festgesetzten Höchstpreisen zu verkaufen, so kann die zuständige Behörde sie übernehmen und auf Rechnung und Kosten des Besitzers zu den festgesetzten Höchstpreisen verkaufen, soweit sie nicht für dessen eigenen Bedarf nötig sind.

§ 3. Die Landeszentralbehörden oder die von ihnen bestimmten Behörden erlassen die erforderlichen Anordnungen und Ausführungsbestimmungen.

§ 4. Wer die nach § 1 festgesetzten Höchstpreise überschreitet oder den nach § 3 erlassenen Ausführungsbestimmungen zuwiderhandelt oder Vorräte an derartigen Gegenständen verheimlicht oder der Aufforderung der zuständigen Behörde nach § 2 nicht nachkommt, wird mit Geldstrafe bis zu dreitausend Mark oder im Unvermögensfalle mit Gefängnis bis zu sechs Monaten bestraft.

§ 5. Der Bundesrat wird ermächtigt, den Zeitpunkt zu bestimmen, zu welchem dieses Gesetz wieder außer Kraft tritt.

§ 6. Dieses Gesetz tritt mit dem Tage seiner Verkündung in Kraft.

Begründung.

Auch wenn an sich genügende Vorräte zur Versorgung der Bevölkerung vorhanden sind, steigen erfahrungsmäßig unter den besonderen Verhältnissen, wie sie ein Krieg mit sich bringt, an manchen Orten die Gegenstände des täglichen Bedarfs plötzlich stark im Preise, weil der normale Verlauf der Versorgung gestört ist. Um übertrieben hohen Preissteigerungen entgegenzuwirken, die nicht in der Natur der Verhältnisse begründet sind, sondern auf spekulative oder unlautere Machenschaften Einzelner zurückgehen, empfiehlt es sich, die Möglichkeit zu schaffen, daß unüberschreitbare Höchstpreise (Taxen im Sinne des Titel V der Gewerbeordnung) für bestimmte Gegenstände des täglichen Bedarfs festgesetzt werden können. Dem steht § 72*) der für Friedenszeiten erlassenen Gewerbeordnung entgegen. Für die Kriegszeit ist daher eine Ausnahme hiervon erforderlich. Die Möglichkeit, Höchstpreise festzusetzen, soll dementsprechend nur für die Dauer des gegenwärtigen Krieges gegeben werden.

Soll die Möglichkeit, Höchstpreise festzusetzen, in der gewünschten Weise wirksam werden, so muß sie für alle Gegenstände des täglichen Bedarfs gewährt werden, mögen sie im Marktverkehr, in Läden oder sonstwie gehandelt werden. Dies sind zunächst viele Gegenstände des Wochenmarktverkehrs, wie sie in einer auf Grund der Gewerbeordnung erlassenen, im Auszug beigefügten Preußischen Ministerialverfügung vom 26. Dezember 1847 beispielsweise aufgeführt sind. Hierzu treten Gegenstände, wie Konserven, Reis, geräucherte und getrocknete Lebensmittel, die überwiegend im Ladenverkehr und im Großhandel gehandelt werden. Ferner sind, um jeden Zweifel auszuschließen, im Entwurfe Futtermittel aller Art aufgeführt worden. Weiter sind unter rohen Naturerzeugnissen neben allen Früchten nicht nur kleineres Vieh, sondern

---

*) Die hier besonders angezogenen Paragraphen 72—74 der Gewerbeordnung bestimmen:

§ 72. Polizeiliche Taxen sollen, soweit nicht ein anderes nachstehend angeordnet worden, künftig nicht vorgeschrieben werden; da, wo sie gegenwärtig bestehen, sind sie in einer von der Ortspolizeibehörde zu bestimmenden, höchstens einjährigen Frist aufzuheben.

§ 73. Die Bäcker und die Verkäufer von Backwaren können durch die Ortspolizeibehörde angehalten werden, die Preise und das Gewicht ihrer verschiedenen Backwaren für gewisse von derselben zu bestimmende Zeiträume durch einen von außen sichtbaren Anschlag am Verkaufslokale zur Kenntnis des Publikums zu bringen.

Dieser Anschlag ist kostenfrei mit dem polizeilichen Stempel zu versehen und täglich während der Verkaufszeit auszuhängen.

§ 74. Wo der Verkauf von Backwaren nur nach den von den Bäckern und Verkäufern an ihren Verkaufslokalen angeschlagenen Preisen erlaubt ist, kann die Ortspolizeibehörde die Bäcker und Verkäufer zugleich anhalten, im Verkaufslokal eine Wage mit den erforderlichen geeichten Gewichten aufzustellen und die Benutzung derselben zum Nachwiegen der verkauften Backwaren zu gestatten.

alles Vieh einbegriffen. Endlich sind alle Heiz- und Leuchtstoffe wegen ihrer Wichtigkeit besonders genannt worden.

Bei Festsetzung der Höchstpreise ist nicht nur das Interesse der konsumierenden Bevölkerung an solchen Preisen zu berücksichtigen, welche ihr den Ankauf des täglichen Bedarfs ermöglichen, sondern es ist auch der infolge der besonderen Umstände schwierigen Lage der Produzenten und Händler gebührend Rechnung zu tragen. Dem Verkäufer muß ein den Verhältnissen angemessener Nutzen verbleiben, sonst wird man den Verkauf lähmen und damit unter Umständen Schlimmeres herbeiführen, als man durch die Festsetzung von Höchstpreisen verhindern will.

Man wird erwarten können, daß diese Vorschriften in der Regel genügen werden, um die Versorgung der Bevölkerung zu angemessenen Preisen sicher zu stellen. Es kann indessen vorkommen, daß ein Besitzer von Gegenständen des täglichen Bedarfs, der durch die Festsetzung von Höchstpreisen in seinen spekulativen Absichten gehindert ist, auf deren Verkauf jetzt überhaupt verzichtet, in der Hoffnung, sie später, wenn die Bedürfnisse noch dringlicher geworden sind, unter der Hand oder sonstwie zu Wucherpreisen abzusetzen. Es muß daher ein Mittel an Hand gegeben werden, derartige Absichten zu durchkreuzen und alle zum Schaden der Allgemeinheit zurückgehaltenen Gegenstände des täglichen Bedarfs der Bevölkerung zu angemessenen Preisen zur Verfügung zu stellen. Die Strafandrohung wird diesen Zweck nicht immer erreichen. Das Preußische Landrecht sah in dieser Richtung vor, daß der Staat jeden zum Verkauf seiner Sachen besonders auch zum Verkauf von Getreidevorräten zwingen konnte, wenn es zum Wohle des Gemeinwesens notwendig ist, (Teil I Titel XI § 4 ff.)*). Soweit wie man damals unter den unentwickelten Verkehrsmöglichkeiten für normale Zeiten regelmäßig ging, wird man heute auch unter den außerordentlichen Verhältnissen des Krieges, wo die

**) § 4 lautet: „Auch der Staat ist Jemanden zum Verkaufe seiner Sache zu zwingen nur alsdann berechtigt, wenn es zum Wohl des gemeinen Wesens notwendig ist."

regelmäßige Versorgung gestört ist, nicht zu gehen brauchen. Es empfiehlt sich aber, den Behörden das Recht zu geben, einen Besitzer, der seine Vorräte an Gegenständen des täglichen Bedarfs dem Verkauf entzieht, aufzufordern, sie zu den festgesetzten Höchstpreisen zum Verkaufe zu stellen und gegen ihn, wenn er sich weigert, außer den gewöhnlichen Zwangsmaßnahmen ein Strafverfahren nach § 4 zu veranlassen. Außerdem soll die Behörde berechtigt sein, diese Vorräte zu übernehmen und zum Verkaufe zu bringen. Da es sich voraussichtlich hier nur um einige Ausnahmefälle an wenigen Plätzen handeln wird, in solchen Fällen aber ohne Zögern und wirksam eingegriffen werden muß, so kann diese Aufgabe nur einer örtlichen Behörde übertragen werden, die zugleich auch am dringlichsten an der angemessenen Versorgung der Einwohner interessiert ist. Wie sie dabei verfahren wird, ob sie die übernommenen Waren durch den Besitzer eines ähnlichen Ladens mit verkaufen läßt, ob sie den Verkauf durch einen ihrer Angestellten bewirken läßt, ob sie die Angestellten des Warenbesitzers oder andere Leute hierfür einstellt, bleibt ihrem sachkundigen Ermessen überlassen. Der Warenbesitzer erhält dann nicht die festgesetzten und beim Verkaufe erzielten Höchstpreise für die ihm abgenommenen Waren, sondern es werden ihm hiervon die Verkaufs- und ähnlichen Kosten abgezogen. Der Behörde soll aus der Übernahme der Verkaufstätigkeit keinerlei finanzielle Last erwachsen. Auch liegt hierin für den Besitzer noch ein Antrieb, lieber die Waren selbst zu den Höchstpreisen zu verkaufen, als sich der Gefahr auszusetzen, daß sie die Behörde übernimmt, und er, abgesehen von der Strafe, weniger dafür erhält. Die Billigkeit erfordert so viel Waren von dem Verkauf auszunehmen und dem Warenbesitzer zu belassen, als er nach Ansicht der Behörde für seinen eigenen Haushalt und zur Aufrechterhaltung seines eigenen Betriebs oder seiner eigenen Wirtschaft nötig hat.

Wenn auch die Befugnis zur Festsetzung von Höchstpreisen gesetzlich allgemein gegeben werden muß, so wird doch die Entscheidung darüber, ob, in welchem Umfang und für welche Gegenstände Höchstpreise festzusetzen sind, von den besonderen örtlichen

Bedürfnissen und Verhältnissen abhängen. Diese Befugnis ist daher der Anordnung der Landeszentralbehörden überlassen, die sie an andere Landesbehörden übertragen können, sei es an die höheren, sei es an alle oder an bestimmte untere Verwaltungsbehörden. Die Landeszentralbehörden werden ferner die erforderlichen Ausführungsbestimmungen zu erlassen haben, z. B. ob und wie die beteiligte örtliche Behörde zu hören ist, wie die festgesetzten Höchstpreise Käufern und Verkäufern zur Kenntnis zu bringen sind, etwa durch Veröffentlichung im Amtsblatt, durch Anschläge oder durch andere Art (vergleiche auch Gewerbeordnung § 73), wie die Einhaltung der Höchstpreise zu überwachen ist (vergleiche auch Gewerbeordnung § 74). Auch hinsichtlich der Befugnisse der Behörden, absichtlich zurückgehaltene Gegenstände des täglichen Bedarfs zu übernehmen und zum Verkauf zu bringen, können besondere Ausführungsbestimmungen nötig werden.

Dazu erging folgender

Erlaß.

Gemäß § 3 des als Anlage 1 abgedruckten Gesetzes vom 4. August 1914, betreffend Höchstpreise, habe ich die als Anlage 2 abgedruckte Ausführungsanweisung erlassen. (Anl. 1 und 2.)

Ich ersuche Sie, das Gesetz und die Ausführungsanweisung unverzüglich zur Kenntnis der amtlich beteiligten Stellen zu bringen, die Ausführungsanweisung im Amtsblatt zu veröffentlichen und dafür Sorge zu tragen, daß die gemäß Ziffer 1 der Ausführungsanweisung ergehenden Anordnungen der Gemeindevorstände in den Städten über 10 000 Einwohner und der Landräte sofort in ortsüblicher und sonstiger zweckentsprechender Weise zur Kenntnis der beteiligten Kreise gebracht werden.

Bei Festsetzung der Höchstpreise ist das Interesse des konsumierenden Publikums zu berücksichtigen, daneben aber auch der Lage der Händler und Produzenten Rechnung zu tragen. Wenn nicht der Warenumsatz unterbunden und damit unter Umständen Schlimmeres herbeigeführt werden soll, als man mit der Festsetzung der Höchstpreise zu verhindern beabsichtigt, muß dem Verkäufer ein den Verhältnissen entsprechender Nutzen verbleiben.

Die Ortspolizeibehörden sind anzuweisen, von der in Ziffer 4 der Ausführungsanweisung angedrohten Schließung der Verkaufsstellen nur dann und so lange Gebrauch zu machen, als es mit dem Interesse der Bevölkerung vereinbar ist.

Es bleibt Ihnen überlassen, diejenigen weiteren Vorschriften zu treffen, welche Sie mit Rücksicht auf die Einheitlichkeit des Inhalts und der Durchführung der ergehenden Anordnungen für Ihren Bezirk für erforderlich halten.

Der Erlaß von Anordnungen, welche den Großhandel betreffen, bleibt besonderer Bestimmung vorbehalten.

Berlin, den 4. August 1914.

Dr. Sydow.

An die Herren Regierungspräsidenten und den Herrn Oberpräsidenten von Berlin.

Abdruck nebst Anlagen zur Kenntnis.

Dr. Sydow.

An die Herren Oberpräsidenten, den hiesigen Herrn Polizeipräsidenten und den Magistrat der Haupt- und Residenzstadt Berlin.

Ausführungsbestimmungen.

1. Die Festsetzung der Höchstpreise für den Kleinverkauf von Gegenständen des täglichen Bedarfs wird in den Städten über 10 000 Einwohner — in der Provinz Hannover in den Städten, auf welche die revidierte Hannoversche Städteordnung Anwendung findet, mit Ausnahme der im § 27 Abs. 2 der Hannoverschen Kreisordnung vom 6. Mai 1884 benannten Städte — den Gemeindevorständen (Magistraten), im übrigen den Landräten (für Hohenzollern den Oberamtmännern) übertragen.

Vor der Festsetzung sollen, soweit tunlich, unter möglichster Berücksichtigung der Handels-, Landwirtschafts- und gegebenenfalls der Handwerkskammern geeignete Sachverständige gehört werden.

Die festgesetzten Höchstpreise sind in ortsüblicher Weise bekannt zu geben und nach näherer Bestimmung der die Anordnung erlassenden Behörden zur Kenntnis des Publikums zu bringen. Diese Stellen können insbesondere auch die Anbringung von Anschlägen der Taxen an und in dem Verkaufslokal und die Art solcher Anschläge bestimmen.

2. Der im § 2 vorgesehene Verkauf derjenigen Gegenstände, deren taxmäßige Abgabe an das Publikum der Kleinhändler verweigert, wird den Gemeindevorständen (Gutsvorstehern) übertragen.

Die Aufforderung, zu den festgesetzten Höchstpreisen zu verkaufen, welche der Übernahme der Gegenstände durch den Gemeindevorstand (Gutsvorsteher) vorauszugehen hat, erfolgt mündlich oder schriftlich durch die Ortspolizeibehörde. Wird der Anordnung nicht sofort Folge geleistet, so sind die vorhandenen Vorräte mit Ausnahme der für den eigenen Bedarf des Besitzers nötigen unter Feststellung von Art und Menge in polizeiliche Verwahrung zu nehmen und dem Gemeindevorstand (Gutsvorsteher) zur Verfügung zu stellen. Dieser hat den Verkauf zu den festgesetzten Höchstpreisen auf Rechnung und Kosten des Besitzers zu übernehmen. Waren, deren Verkauf er nicht übernehmen will, sind dem Besitzer wieder auszuhändigen.

3. Als Kleinhandel im Sinne der Ziffer 1 und 2 ist der sogenannte Detailhandel anzusehen, d. h. die Abgabe unmittelbar an den Verbraucher.

4. Die Ortspolizeibehörden sind in Ausübung ihrer gesetzlichen Zwangsmittel befugt, zur Verhinderung von Zuwiderhandlungen gegen § 4 des Gesetzes die Verkaufsstellen derjenigen Verkäufer, welche die Innehaltung der Höchstpreise verweigern, zu schließen. Diese Befugnis besteht neben der im § 2 des Gesetzes geregelten Befugnis zur Übernahme der Ware.

5. Eine strafbare Verkaufsverweigerung im Sinne des § 2 oder eine strafbare Überschreitung der festgesetzten Höchstpreise im Sinne des § 4 liegt regelmäßig auch dann vor, wenn als Kaufpreis die gesetzlichen Zahlungsmittel, insbesondere auch Reichsbanknoten und Reichskassenscheine, nicht oder nicht in ihrem vollen Wert als Kaufpreis in Zahlung genommen werden.

Berlin, den 4. August 1914.

Der Minister für Handel und Gewerbe.

Dr. Sydow.

XVIII.

Gesetz, betreffend vorübergehende Einfuhrerleichterungen.

Vom 4. August 1914 (RGBl. S. 338).

Artikel **1.** Der Bundesrat wird ermächtigt, während der Dauer des Krieges Getreide, Reis, Hülsenfrüchte, Kartoffeln, Rüben, Grün- und Rauhfutter, Küchengewächse, Vieh, Fleisch und Zubereitungen von Fleisch, Fische, Fette zum Genusse, Käse, Eier, Müllereierzeugnisse, gewöhnliches Backwerk, eingedickte Milch, Nahrungs- und Genußmittel anderweit nicht genannt (auch in luftdicht verschlossenen Behältnissen) und Mineralöle zollfrei zu lassen.

Artikel **2.** Die Ermächtigung erstreckt sich nicht auf Waren, die sich zur Zeit des Inkrafttretens dieses Gesetzes in deutschen Zollausschlußgebieten, Freibezirken oder Zollagern befinden.

Artikel 3. Der Bundesrat wird ferner ermächtigt, während der Dauer des Krieges gesetzliche Verbote und Beschränkungen der Einfuhr der in Artikel 1 genannten Waren ganz oder teilweise außer Kraft zu setzen.

Artikel 4. Dieses Gesetz tritt mit dem Tage seiner Verkündung in Kraft.

Begründung.

Durch die bereits erlassenen Ausfuhrverbote ist dem Abfluß von Nahrungs- und Futtermitteln sowie von Mineralölen in das Ausland vorgebeugt. Außerdem erscheint es geboten, durch Einfuhrerleichterungen zur Verstärkung der inländischen Vorräte beizutragen und auch auf diese Weise Preissteigerungen entgegenzuwirken. Diesen Zwecken würde eine gesetzliche Ermächtigung für den Bundesrat dienen, die auf den Waren ruhenden Zölle während der Dauer des Krieges unerhoben zu lassen. Folgende Nummern des Zolltarifs kommen dabei in Betracht: 1, 2, 3, 4, 5, 6, 7, 10, 11, 12, 23, 24, 25, 27, 33, 37, 100, 101, 103, 104, 106, 107, 108, 109, 113, 114, 116, 117, 126 bis 129, 134, 135 136, 162 bis 165, 171, 195, 198, 205, 206, 207, 208, 218, 219, 239.*)

Ein Bedürfnis, die Ermächtigung auch auf solche Waren zu erstrecken, die sich beim Inkrafttreten des Gesetzes in Zollausschlüssen (Freihäfen), Freibezirken oder Zollagern befinden, liegt nicht vor, da diese Waren noch unter günstigeren Verhältnissen bezogen worden sind und sich bereits innerhalb der Reichsgrenzen befinden. Eine Anregung zum Bezug aus dem Ausland braucht für sie daher nicht mehr geschaffen zu werden.

Die in Artikel 3 vorgesehene weitere Ermächtigung des Bundesrats ist erforderlich, wenn die Einfuhrerleichterungen voll wirksam werden sollen.

---

*) Siehe die im Folgenden abgedruckte zweite Bekanntmachung.

Dazu ergingen folgende Bekanntmachungen:

1. Bekanntmachung, betreffend vorübergehende Einfuhrerleichterungen für Fleisch.

Vom 4. August 1914.

Auf Grund des Artikel 3 des Gesetzes, betreffend vorübergehende Einfuhrerleichterungen, vom 4. August 1914 (Reichs-Gesetzbl. S. 338) hat der Bundesrat für die Dauer des Krieges folgende Abänderungen von Einfuhrverboten und Einfuhrbeschränkungen beschlossen:

1. Der Abs. 1 des § 12 des Gesetzes, betreffend die Schlachtvieh- und Fleischbeschau, vom 3. Juni 1900 (Reichs-Gesetzbl. S. 547) wird außer Kraft gesetzt. Die Untersuchung des in das Zollinland eingehenden Fleisches in luftdicht verschlossenen Büchsen und ähnlichen Gefäßen, von Würsten und sonstigen Gemengen aus zerkleinertem Fleische hat sich auf die Feststellung einer äußeren guten Beschaffenheit zu beschränken. Die Untersuchung ist bei der Einfuhr vorzunehmen. Der Zuführung zu den Untersuchungsstellen bedarf es nicht.

2. Die Ziffer 1 in Abs. 2 a. a. O. wird dahin abgeändert, daß es der Miteinfuhr der Organe, soweit sie durch Gesetz oder durch Beschluß des Bundesrats angeordnet ist, und des natürlichen Zusammenhanges dieser Organe mit dem Tierkörper nicht bedarf; ferner daß der Tierkörper bei Rindern, ausschließlich der Kälber, auch in Viertel zerlegt sein kann.

3. In Ziffer 2 Abs. 2 a. a. O. wird der zweite Satz gestrichen.

4. Soweit nach den vorstehenden, die Einfuhr erleichternden Bestimmungen eine Untersuchung des frischen Fleisches nicht in dem Umfang möglich ist, wie sie in den Ausführungsbestimmungen D zum Fleischbeschaugesetz vorgeschrieben ist, hat sie nach den allgemein gültigen Grundsätzen der wissenschaftlichen Fleischbeschau zu erfolgen. Frisches Fleisch, das danach in gesundheitlicher Beziehung zu Bedenken Anlaß gibt, ist, soweit es nicht nach § 18 I der Ausführungsbestimmungen D in unschädlicher Weise zu beseitigen ist, von der Einfuhr zurückzuweisen.

5. Dieser Beschluß tritt mit dem Tage seiner Verkündung in Kraft.

Berlin, den 4. August 1914.

Der Reichskanzler.
In Vertretung: Delbrück.

---

2. Bekanntmachung, betreffend vorübergehende Einfuhrerleichterungen.

Vom 4. August 1914.

Auf Grund des Gesetzes vom 4. August 1914, betreffend vorübergehende Einfuhrerleichterungen, hat der Bundesrat beschlossen, daß bis auf weiteres die nachstehend aufgeführten Waren, soweit sie sich nicht in deutschen Zollausschlußgebieten (Freihäfen), Freibezirken oder Zollagern befinden, bei der Einfuhr zollfrei bleiben.

Die Erleichterung tritt sofort in Wirksamkeit.

Berlin, den 4. August 1914.

Der Reichskanzler.
In Vertretung: Kühn.

1: Roggen, 2: Weizen und Spelz, 3: Gerste, 4: Hafer, 5: Buchweizen, 6: Hirse (Panicum, italienische Hirse), 7: Mais und Dari, 10: Reis, unpoliert, 11: Speisebohnen, Erbsen, Linsen, 12: Futter-(Pferde- usw.) Bohnen, Lupinen, Wicken, 23: Kartoffeln, frisch, aus 24: Futterrüben, Möhren, Wasserrüben und sonstige Feldrüben, getrocknet (gedarrt), aus 25: Zuckerrüben, getrocknet, auch zerkleinert, 27: Grünfutter; Heu, auch getrockneter Klee, und anderweit nicht genannte getrocknete Futtergewächse; Stroh und Spreu (Kaff), auch Schäben; Häckerling (Häcksel), aus 33: Rotkohl, Weißkohl, Wirsingkohl, frisch, aus 37: Küchengewächse, einschließlich der als solche dienenden Feldrüben, zerkleinert, geschält, gepreßt, getrocknet, gedarrt, gebacken oder sonst einfach zubereitet, soweit sie nicht unter Nr. 34 bis 36 fallen; unreife Speisebohnen und unreife Erbsen, getrocknet; Speisebohnen und Erbsen (reife und unreife), gebacken oder sonst einfach zubereitet; Kartoffeln, zerkleinert (ausgenommen Graupen und Grieß aus solchen), gedarrt, gebacken oder sonst einfach zubereitet, 100: Pferde, 101: Maulesel, Maultiere, 103: Rindvieh, 104: Schafe, 106: Schweine, 107: Federvieh (Gänse, Hühner aller Art und sonstiges Federvieh), 108: Fleisch, ausschließlich des Schweinespecks, und genießbare Eingeweide von Vieh (ausgenommen Federvieh), frisch auch gefroren, einfach zubereitet und zum feineren Tafelgenuß zubereitet, 109: Schweinespeck, 113: Fleischextrakt und Fleischbrühtafeln; Suppentafeln; flüssige und eingedickte Fleischbrühe; Fleischpepton, 114: Würste aus Fleisch von Vieh, Federvieh oder Wild, 116: gesalzene Heringe, unzerteilt, aus 117: Fische, einfach zubereitet, 126: Schmalz und schmalzartige Fette (Schmalz von Schweinen und Gänsen, Rindsmark, Oleomargarin und andere schmalzartige Fette), 127: Schweine- und Gänsefett, roh (uneingeschmolzen, unausgepreßt), mit Ausnahme des Schweinespecks und der Flomen (Fliesen, Liesen); ferner Grieben zum Genuß, 128: Flomen (Fliesen, Liesen); premier jus, 129: Talg von Rindern und Schafen, roh (Rinderfett, Schaffett) oder geschmolzen; auch Preßtalg, 134: Butter frisch, gesalzen oder eingeschmolzen (Butterschmalz), 135: Käse, aus 136: Eier von Federvieh und Federwild, roh oder nur in der Schale gekocht, 162: Mehl, auch gebrannt oder geröstet, 163: Reis, poliert, 164: Graupen, Grieß und Grütze aus Getreide; auch Reisgrieß, 165: sonstige Müllereierzeugnisse, 171: Palmöl, Palmkernöl, Kokosnußöl und anderer pflanzlicher Talg, z. B. Schibutter, Vateriatalg, zum Genuß nicht geeignet, aus 195: ausgelaugte Schnitzel von Zuckerrüben, auch gepreßte, getrocknet (gedarrt), 198: gewöhnliches Backwerk (ohne Zusatz von Eiern, Fett, Gewürzen, Zucker oder dergleichen), 205: Margarine (der Milchbutter oder dem Butterschmalz ähnliche Zubereitungen, deren Fettgehalt nicht ausschließlich der Milch entstammt), 206: Margarinekäse (käseartige Zubereitungen, deren Fettgehalt nicht ausschließlich der Milch entstammt), 207: Kunstspeisefett, 208: Milch, eingedickt (Sirupmilch), auch mit Zusatz von Zucker, 218: Nahrungs- und Genußmittel, anderweit nicht genannt, frisch, getrocknet oder zubereitet, 219: Nahrungs- und Genußmittel aller Art (mit Ausnahme der Getränke) in luftdicht verschlossenen Behältnissen, soweit sie nicht an sich unter höhere Zollsätze fallen, 239: Erdöl (Petroleum), flüssiger natürlicher Bergteer (Erdteer), Braunkohlenteeröl, Torföl, Schieferöl, Öl aus dem Teer der Boghead- oder Kännelkohle und sonstige anderweit nicht genannte Mineralöle, roh oder gereinigt.

Sachregister.

(Die Zahlen bedeuten die Seiten.)

A.

B.

D.

E.

F.

G.

H.

Druck von Otto Walter in Berlin S. 14.

Guttentagsche Sammlung

Deutscher Reichsgesetze.

Text-Ausgaben mit Anmerkungen. Taschenformat.

---

1. **Verfassung des Deutschen Reichs.** Von Dr. **L. von Rönne.** **10. Aufl.** von Landrat **P. von Rönne** und Regierungsassessor **von Dobbeler.** 1912. 2 M. 60 Pf.

2. **Strafgesetzbuch** für das Deutsche Reich nebst 20 d. wichtigsten strafrechtlichen Nebengesetze. Von Prof. Dr. **Franz v. Liszt** und Dr. **Ernst Delaquis. 24. Aufl.** 1914. 3 M.

3. **Militärstrafgerichtsordnung** nebst Einführungsgesetz. Von Wirkl. Geheimen Kriegsrat Dr. jur. **A. Romen** und Kriegsgerichtsrat Dr. jur. **Carl Rissom.** 1910. 6 M.

4. **Handelsgesetzbuch vom 10. Mai 1897** unter Ausschluß des Seerechts. **14. Aufl.** Herausgegeben von Geh. Justizrat Prof. Dr. **A. Mosse.** 8°. 1911. 5 M.

5. **Wechselordnung vom 3. Juni 1908. Kommentar von** Justizrat Dr. **J. Stranz** und Rechtsanwalt Dr. **M. Stranz,** und das **Wechselstempelgesetz vom 15. Juli 1909** von Geh. Regierungsrat **P. Loeck. 11. Aufl.** 1913. 4 M.

5 a. **Wechselstempelgesetz** apart. **11. Aufl.** 1913. 1 M. 50 Pf.

6. **Reichsgewerbeordnung** nebst Ausführungsbestimmungen. Von **Berger** und **Wilhelmi. 18. Auflage** von Stadtrat Dr. **Karl Flesch** in Verbindung mit Dr. **Friedr. Hiller** und Dr. **Herm. Luppe.** Mit Nachtrag, enthaltend die Änderungen bis 31. 3. 1912. **4 M.**

7. **Post- und Telegraphen-Gesetzgebung.** Nebst Weltpostvertrag und internationalem Telegraphenvertrag. **6. Aufl.** von Geh. Ober-Postrat Dr. **M. König.** 1908. **4 M.**

8. Die Reichsgesetze **über den Unterstützungswohnsitz, die Freizügigkeit, den Erwerb und Verlust der Bundes- und Staatsangehörigkeit.** Von Geheimrat Dr. **J. Krech,** Mitglied des Bundesamtes für das Heimatwesen. 8. **Aufl.** 1913. 3 M. 60 Pf.

9. Sammlung **kleinerer strafrechtlicher Reichsgesetze.** Von Dr. **R. H. Kriegsmann,** Privatdozent in **Kiel.** 3. **Aufl.** 1910. 4 M.

10. Das **Reichsbeamtengesetz** von **J. Pieper.** 2. **Aufl.** 1901. 4 M. 50 Pf.

Reichsbeamtengesetz von 1907 siehe Nr. 82.

11. **Zivilprozeßordnung mit Gerichtsverfassungsgesetz.** Von **R. Sydow.** Fortgeführt von **L. Busch,** Reichsgerichtsrat, jetzt zugleich mit **A. Busch,** Gerichtsassessor. **14. Aufl.** 8°. 1913. 8 M.

12. **Strafprozeßordnung und Gerichtsverfassungsgesetz** nebst den Gesetzen, betr. die Entschädigung der im Wiederaufnahmeverfahren freigesprochenen Personen und die Entschädigung für unschuldig erlittene Untersuchungshaft. Von Dr. **A. Hellweg,** Reichsgerichtsrat. **16. Aufl.** von Professor Dr. **Kohlrausch.** 1912. 3 M.

13. **Konkursordnung und Anfechtungsgesetz.** Von **R. Sydow.** Fortgeführt von **L. Busch. 11. Aufl.** 1911. 2 M. 80 Pf

14. **Gerichtsverfassungsgesetz** mit Einführungsgesetz. Herausgegeben von **R. Sydow.** Fortgeführt von **L. Busch. 9. Aufl.** 1905. Mit Nachtrag, enthaltend die Novelle vom 1. Juni 1909. 1 M. 50 Pf.

15. **Das Deutsche Gerichtskostengesetz** nebst den Gebührenordnungen für Gerichtsvollzieher, Zeugen und Sachverständige. Von **R. Sydow**. Weiter bearbeitet von Reichsgerichtsrat **L. Busch** und Gerichtsassessor **Arno Busch. 9. Aufl.** 1912. 2 M. 60 Pf.

16. **Rechtsanwaltsordnung.** Von **R. Sydow. 5. Aufl.** von Justizrat **M. Jacobsohn.** 1907. Mit Nachtrag, enthaltend die Bestimmungen vom 22. Mai 1910. 1 M. 20 Pf.

17. Die **Deutsche Gebührenordnung für Rechtsanwälte und das Preußische Gebührengesetz** vom 27. September/6. Oktober 1899. Von **R. Sydow.** Fortgeführt von **L. Busch** und Amtsrichter **A. Busch. 11. Aufl.** 1914. 3 M.

18. **Reichsstempelgesetz** vom 3. Juli 1913. (Börsen-, Lotterie- [Spiel und Wette], Frachturkunden-, Fahrkarten-, Kraftfahrzeug-, Tantieme-, Scheck- und Grundstücksübertragungssteuer.) Mit den gesamten Ausführungsbestimmungen. **12. Aufl.** von Geh. Regierungsrat **P. Loeck.** 1914. 8°. 8 M.

19. Die **Seegesetzgebung.** Von Dr. **W. E. Knitschky. 5. Aufl.** bearbeitet von Oberlandesgerichtsrat **Otto Rudorff** in Hamburg. 1913. 8 M.

20. **Krankenversicherungsgesetz.** Von weil. Dr. **E. von Woedtke.** Siehe Bd. 107.

21. Die **Konsulargesetzgebung.** Von Professor Dr. **Ph. Zorn. 3. Aufl.** bearbeitet von Reg.-Assessor Dr. **A. Zorn.** 1911. 4 M. 50 Pf.

22. **Patentgesetz.** Nebst Ausführungsbestimmungen, völkerrechtlichen Verträgen und der Patentanwalts-Ordnung. 7. **Aufl.** bearbeitet von **R. Lutter,** Geh. Reg.-Rat im Kaiserl. Patentamt. 1908. 2 M. 80 Pf.

23. **Gewerbe-Unfallversicherungsgesetz.** Von weil. Dr. **E. von Woedtke.** Siehe Bd. 108.

24. **Aktiengesellschaft und Kommanditgesellschaften auf Aktien.** Von Kammergerichtsrat Dr. **H. Keyßner** und Justizrat Dr. **H. Veit Simon. 6. Aufl.** von Amtsrichter **L. Keyßner.** 1911. 3 M.

25. **Brausteuergesetz.** vom 15. Juli 1909. Von **A. Düffe,** Oberzollrevisor. **2. Aufl.** 1910. 3 M.

26. Die Reichsgesetzgebung über **Münz- und Notenbankwesen.** Papiergeld, Prämienpapiere und Reichsschulden. Von Dr. jur **R. Koch,** Präsident des Reichsbankdirektoriums, **6. Aufl.** 1910. 4 M.

27. Die Gesetzgebung, betr. das **Gesundheitswesen** im Deutschen Reich. Von Dr. jur. **E. Goesch** und Dr. med. **J. Karsten.** 1888. 1 M. 60 Pf.

28. **Bau-Unfallversicherungsgesetz.** Vom 30. Juni 1900. Von **R. Chrzescinski.** Siehe Bd. 108.

29. **Erwerbs- und Wirtschaftsgenossenschaften.** Von **L. Parisius** und Dr. **H. Crüger. 14. neu bearb. Aufl.** von Dr. **H. Crüger.** 1912. 1 M. 80 Pf.

30. **Invalidenversicherungsgesetz** vom 13. Juli 1899. **Von** weil. Dr. **E. von Woedtke.** Siehe Bd. 109.

31. **Gewerbegerichtsgesetz.** Von Stadtrat **L. Mugdan. 7. Aufl.** bearbeitet von **W. Cuno**, Oberbürgermeister zu Hagen i. W. 1911. 2 M. 50 Pf.

32. Reichsgesetz, betr. die **Gesellschaften mit beschränkter Haftung.** Von **L. Parisius** und Dr. **H. Crüger. 13. Aufl.** von Dr. **H. Crüger.** 1914. 2 M.

33. **Vereins- und Versammlungsrecht.** Von Dr. **E. Ball. 2. Aufl.** von Dr. **F. Friedenthal.** 1907. 2 M. 50 Pf.

Reichs-Vereinsgesetz vom 19. April 1908 siehe Nr. 88.

34. Die **Abzahlungsgeschäfte.** Gesetz vom 16. Mai 1894. **3. vermehrte Aufl.** besorgt von Dr. **E. Wilke**, Landgerichtsrat. 1910. 1 M. 25 Pf.

35. Die **Reichs-Eisenbahngesetzgebung.** Von **W. Coermann**, Kaiserl. Amtsrichter. 1895. 2 M. 25 Pf. S. auch Bd. 66.

36. Gesetze, betr. die **privatrechtlichen Verhältnisse der Binnenschiffahrt und der Flößerei.** Von **E. Löwe**, Landgerichtsrat. **4. Aufl.** 1909. 3 M.

37. Gesetz gegen den **unlauteren Wettbewerb.** Von Justizrat **A. Pinner. 6. Aufl.** 1912. 1 M. 50 Pf.

38/39. **Bürgerliches Gesetzbuch nebst Einführungsgesetz** von Dr. **A. Achilles.** In Verbindung mit Professor Dr. **André**, Kammergerichtsrat **Ritgen**, Reichsgerichtsrat Dr. **Strecker**, Senatspräsident Dr. **v. Unzner** herausgegeben von Wirkl. Geh. Ober-Justizrat u. Oberlandesgerichtspräsident **Greiff. 7. Aufl.** 8°. 1912. 7 M.

40. Gesetz, betr. die **Pflichten der Kaufleute bei Aufbewahrung fremder Wertpapiere (Depotgesetz).** Mit Erläuterungen. Von **F. Lusensky**, Geh. Ober-Regierungsrat. **2. Aufl.** 1905. 1 M.

41. **Börsengesetz.** Von Wirkl. Geh. Ober-Regierungsrat **Th. Hemptenmacher.** Dritte Aufl. im Druck.

42. **Grundbuchordnung** nebst den preußischen Ausführungsbestimmungen. Mit Einleitung. Von Prof. Dr. **O. Fischer. 6. Aufl.** 1912. 2 M.

43. **Zwangsvollstreckung in das unbewegliche Vermögen** im Reiche und in Preußen. Mit Einleitung, Kosten- und Gebührentabellen. Von Dr. **J. Krech** u. Dr. **O. Fischer. 7. Aufl.** bearbeitet von Professor Dr. **O. Fischer** u. Landrichter Dr. **J. Krech.** 1914. 3 M.

44. Das Reichsgesetz **über das Auswanderungswesen** vom 9. Juni 1897. **Von Professor Dr. Felix Stoerk.** 1899. 2 M. 25 Pf.

45. Das **Entmündigungsrecht** unter Berücksichtigung der für Preußen geltenden Vorschriften nebst der preußischen Justiz-Ministerial-Verfügung vom 28. November 1899. **Von Landgerichtsrat Dr. P. Koll in Cöln.** 1900. 1 M. 50 Pf.

46. Die Gesetze des Reiches und Preußens über die **freiwillige Gerichtsbarkeit.** Von **Herm. Jastrow,** Amtsgerichtsrat. **5. Aufl.** 1911. 3 M. 60 Pf.

47. Das **deutsche Vormundschaftsrecht** und das preuß. Gesetz über die Fürsorgeerziehung Minderjähriger nebst den dazu gehörigen preußischen Nebengesetzen. Von Oberverwaltungsgerichtsrat **Max Schultzenstein** und Amtsgerichtsrat Dr. **Paul Köhne. 2. Aufl.** 1901. 3 M.

48. Gesetze und Verordnungen, betr. den **Drogen-, Gift- und Farbenhandel** außerhalb der Apotheken. Von Dr. **J. Broh**, Rechtsanwalt. 1899. 1 M. 25 Pf.

49. Deutsche **Kolonialgesetzgebung.** Von Geh. Justizrat Professor Dr. **Philipp Zorn.** 2. Aufl. von Gerichtsassessor Dr. **Sassen.** 1913. 7 M. 50 Pf.

50. Der **Viehkauf** (Viehgewährschaft) nach dem Bürgerlichen Gesetzbuche unter Berücksichtigung des ausländischem Rechts. Verordnung betr. die Hauptmängel und Gewährsfristen beim Viehhandel. Von Rechtsanwalt Dr. **H. Stölzle** und Königlichem Regierungs- und Veterinärrat **H. Weiskopf. 5. Aufl.** 1913. 6 M.

51. **Hypothekenbankgesetz** vom 13. Juli 1899. **Von** Dr. **H. Göppert. 2. Aufl.** Bearbeitet von Geh. Reg.-Rat Dr. **Seidel.** 1911. 2 M. 40 Pf.

52. Gesetz, betreffend die gemeinsamen **Rechte der Besitzer von Schuldverschreibungen.** Von Dr. **Heinrich Göppert.** 1900. 2 M.

53. **Reichspreßgesetz** vom 7. Mai 1874. Mit **Kommentar** von Erstem Bürgermeister **A. Born.** 1911. **2. Aufl. 2 M.**

54. Die Reichsgesetzgebung **über den Verkehr** mit **Nahrungsmitteln, Genußmitteln** und **Gebrauchsgegenständen.** Von Dr. **Georg Lebbin,** Nahrungsmittelchemiker in Berlin. 1900. 2 M. 25 Pf.

55. Das Recht der **Beschlagnahme von Lohn- und Gehaltsforderungen.** Von Justizrat **Georg Meyer. 5. Aufl.** 1914. 2 M. 70 Pf.

56. Gesetz, betr. die **Bekämpfung gemeingefährlicher Krankheiten.** Nebst Ausführungsbestimmungen. Von Dr. **Bruno Burkhardt**, Regierungsrat, Mitglied des Kaiserl. Gesundheitsamts. 1900. 1 M. 40 Pf.

57. **See-Unfallversicherungsgesetz.** Von Dr. **Max Mittelstein**, Oberlandesgerichtsrat in Hamburg. Siehe Bd. 108.

58. **Das Recht der unehelichen Kinder** nach dem BGB. Von **Hermann Jastrow**, Amtsgerichtsrat. 1901. 1 M. 80 Pf.

59. Reichsgesetz über die **Beurkundung des Personenstandes und die Eheschließung.** Von Dr. **F. Fidler**, Amtsgerichtsrat. 1912. **2. Aufl.** 2 M. 50 Pf.

60. Gesetz, betreffend das **Urheberrecht an Werken der Literatur und der Tonkunst.** Von Geh. Justizrat **Otto Lindemann. 3. Aufl.** 1910. 1 M. 60 Pf.

61. Gesetz über das **Verlagsrecht.** Von Justizrat **E. Heinitz. 2. Aufl.** Bearbeitet von Rechtsanwalt Dr. **Br. Marwitz.** 1911. 1 M. 80 Pf.

62. Gesetz über **private Versicherungsunternehmungen.** Von **H. Könige**, Reichsgerichtsrat. **2. Aufl.** 1910. 4 M. 20 Pf.

63. **Gesetzestafel des Deutschen Reichsrechts.** Systematisch geordnete Nachweisung des z. Z. geltenden Reichsrechts. Von **Hugo Bruhns**, Bürgermeister. 1913. 8°. **2. Aufl.** 3 M. 50 Pf.

64. Gesetzsammlung betr. den **Handel mit Drogen und Giften.** Reichsgesetzliche Bestimmungen und Anhang mit den landesgesetzlichen Verordnungen sämtlicher Bundesstaaten. Von Rechtsanwalt **H. Sonnenfeld**, Syndikus der Berliner Drogisten-Innung. **2. Aufl.** 1912. 4 M.

65. **Das Weingesetz** in der Fassung von 1909. Mit Ausführungsbestimmungen von Dr. **Georg Lebbin**, Nahrungsmittelchemiker. **2. Aufl.** 1909. 2 M. 50 Pf.

66. Die **Eisenbahn-Gesetzgebung**. Von **W. Pietsch**, Rechnungsrat im Reichs-Eisenbahn-Amt. **2. Aufl.** 1913. 3 M. 60 Pf.

67. **Militär-Strafgesetzbuch für das Deutsche Reich** mit der Novelle vom 8. 8. 1913. Von Wirklichem Geheimen Kriegsrat Dr. **A. Romen** und Kriegsgerichtsrat Dr. **C. Rissom.** 1912. 6 M.

68. Das **Fleischbeschaugesetz**. Vom 3. Juni 1900. Von Dr. **Georg Lebbin**, Nahrungsmittelchemiker und Rechtsanwalt Dr. **Georg Baum**. 1903. 4 M.

69. Reichsgesetz über die **Naturalleistungen der bewaffneten Macht im Frieden** nebst den in Preußen geltenden Bestimmungen. Von Landrat Dr. **Walter v. Hippel.** 1903. 1 M. 25 Pf.

70. Das **Reichs-Haftpflichtgesetz**, vom 7. Juni 1871. Von Regierungsrat Dr. **G. Eger.** 1903. 3 M.

71. **Kinderarbeit in gewerblichen Betrieben**, vom 30. März 1903. Von **H. Spangenberg**, Oberverwaltungsgerichtsrat. **2. Aufl.** 1904. 1 M. 60 Pf.

72. **Unfallversicherungsgesetz für Land- und Forstwirtschaft** von weil. Dr. **E. von Woedtke.** Siehe Band 108.

73. **Entschädigung für unschuldig erlittene Verhaftung und Bestrafung.** Nebst Anhang, enthaltend die dazu gehörigen Nebengesetze über Schadensersatz. Von Dr. jur. **A. Romen,** Wirklichem Geheimen **Kriegsrat.** 1904. 2 M.

74. Die **Kaufmannsgerichte** nebst den preuß. Ausführungsbestimmungen. Von Professor Dr. **Max Apt. 3. Aufl.** 1905. 2 M.

75. Reichsgesetz über die **Konsulargerichtsbarkeit.** Von Dr. jur. **A. F. Vorwerk,** Rechtsanwalt in Schanghai. 2. Ausgabe, mit dem Schutzgebietsgesetz und der Ausführungsverordnung, betr. die Rechtsverhältnisse in den Schutzgebieten. 1908. 2 M.

76. **Die Rechtshilfe im Verkehr mit den ordentlichen Gerichten nach deutschem Reichsrecht.** Von Landrichter Dr. **A. Friedländer.** 1906. 1 M. 80 Pf.

77. **Das Reichserbschaftssteuergesetz.** Vom 3. Juni 1906. Von **Ulrich Hoffmann,** Rechnungsrat im Königl. Preuß. Finanzministerium. **2. Aufl.** mit Nachtrag, enth. die Bestimmungen v. 3. Juli 1913. **1911, 5 M.**

78. **Zigarettensteuergesetz.** Vom 15. Juli 1909. Von Dr. **Cuno,** Regierungsassessor. **2. Aufl.** in Vorbereitung.

79. **Die Militärpensionsgesetze** vom 31. Mai 1906 nebst Ausführungsbestimmungen. Zum Gebrauch für Heer, Marine und Schutztruppe von Dr. jur. **A. Romen,** Wirklicher Geheimer Kriegsrat.

   a) I. Teil: Offizierpensionsgesetz. 1907. 3 M. 50 Pf.

   b) II. Teil: Mannschaftsversorgungsgesetz. 1908. 3 M. 50 Pf.

80. Reichsgesetzgebung über **gerichtliche Registerführung.** Von **Otto Lindemann,** Geh. Justizrat. 1906. 3 M.

81. Gesetz, betr. **Urheberrecht an Werken der bildenden Künste und der Photographie.** Von Dr. **Ludwig Fuld,** Rechtsanwalt. 1907. 1 M.

82. **Reichsbeamtengesetz** in der Fassung vom 18. Mai 1907 und seine Ergänzungen von Geheimrat Professor Dr. **Adolf Arndt.** 1908. 3 M.

83. Reichsgesetz über **den Versicherungsvertrag** nebst Einführungsgesetz. Von Dr. **Paul Hager** und Dr. **E. Bruck. 3. vermehrte und verbesserte Auflage.** 1913. 6 M.

84. **Sammlung kleinerer privatrechtlicher Reichsgesetze** von Oberlandesgerichtsrat **Georg Müller.** 1908. 6 M. 50 Pf.

85. **Scheckgesetz** mit Einleitung usw. Von Prof. Dr. **Max Apt. 5. Aufl.** Mit Postscheckordnung vom 6. Nov. 1908 und im Anhang „Besteuerung des Schecks". 1909. 2 M.

86. **Die Auslieferungsverträge des Deutschen Reiches** von Landrichter **A. Cohn.** 1908. 4 M.

87. Gesetz zum **Schutz der Warenbezeichnungen.** Von Geh. Reg.-Rat, Mitglied des Patentamts Dr. **Freund** und Rechtsanwalt **Magnus. 5. Aufl.** 1909. 3 M. 50 Pf.

88. **Vereinsgesetz** vom 19. April 1908. Von Dr. jur. **A. Romen,** Wirkl. Geh. Kriegsrat. **3. Aufl.** 1912. 2 M. 50 Pf.

89. **Vogelschutzgesetz** vom 30. Mai 1908 nebst den das Flugwild betr. Bestimmungen der Preußischen Jagdordnung von Dr. jur. **Leo von Boxberger.** 1908. 1 M.

90. Die Haager Abkommen über das **Internationale Privatrecht.** Von Dr. **G. A. E. Bogeng.** 1908. 2 M. 20 Pf.

91. **Eisenbahn-Verkehrsordnung** vom 23. Dez. 1908. Mit Ausführungsbestimmungen. Von Regierungsrat Dr. **Ernst Blume.** 1909. 2 M. 50 Pf.

92. Gesetz, betr. den **Verkehr mit Kraftfahrzeugen.** Von Amtsrichter **R. Kirchner. 2. Ausgabe** ergänzt durch die Bundesratsverordnung vom 3. Febr. 1910 und das Internationale Uebereinkommen vom 11. Okt. 1909. 1910. 3 M.

93. Gesetz über die **Sicherung der Bauforderungen** von Justizrat Dr. **E. Harnier. 3. Aufl.** 1912. 1 M. 60 Pf.

94. **Haftpflicht der Reichs- und Staats-Beamten** von Dr. **H. Delius. 2. Aufl.** 1909. Mit Nachtrag, enth. das **Gesetz über die Haftung des Reichs für** seine Beamten vom **22. Mai 1910. 3 M. 50 Pf.**

95. **Die** Berner Uebereinkunft über **internationales Urheberrecht** von Geh. Ob.-Reg.-Rat Dr. **Herm. Dungs.** 1910. 1 M.

96. **Branntweinsteuergesetz** vom 15. Juli 1909. Unter Berücksichtigung der für das Reich erlassenen Ausführungsbestimmungen. Von Geh. Reg.-Rat **Johs. Nay,** vortrag. Rat im Reichsschatzamt. 1910. 3 M. 50 Pf.

97. **Schutzgebietsgesetz** nebst Verord. betr. die Rechtsverhältnisse in den Schutzgebieten, dem Gesetz über die Konsulargerichtsbarkeit sowie den Ausführungsbest. Von **Johs. Gerstmeyer,** Wirkl. Legationsrat und vortrag. Rat im Reichskolonialamt. 1910. 3 M.

98. **Sechs Haager Abkommen** über **Internationales Privatrecht.** Von Geh. Ob.-Reg.-Rat Dr. **Herm. Dungs.** 1910 1 M. 50 Pf.

99. **Die Abkommen der Haager Friedenskonferenz.** Von Dr. jur. **Hans Wehberg.** 1910. 3 M.

100. Gesetz über den **Absatz von Kalisalzen.** Von Geh. Bergrat **Carl Voelkel.** 1910. 2 M. 40 Pf.

101. **Zuwachssteuergesetz** vom 14. Februar 1911. Von Dr. **W. Cuno**, Geheimer Regierungsrat im Reichsschatzamt. 1911. 3 M. 60 Pf.

102. **Urheberrecht an Mustern und Modellen** u. Ges. betr. Schutz v. Gebrauchsmustern von Reg.-Rat **Johs. Neuberg**, Mitgl. d. K. Patentamts. 1911. 2 M. 40 Pf.

103. **Reichs-Viehseuchengesetz** vom 26. Juni 1909 nebst Ausführungsvorschriften u. dem preuß. Ausführungsgesetz. Von Landrat Dr. **Walter v. Hippel. 2. Aufl.** 1912. 4 M. 50 Pf.

104. **Versicherungsgesetz** für Angestellte vom 20. Dez. 1911. Von Rechtsanwalt **O. Bernstein** und Dr. **J. Kupferberg. 2. Aufl.** 1912. **3 M. 50 Pf.**

105. **Das Geldwesen in den deutschen Schutzgebieten.** Von **W. Hintze**, Geheimer exped. Sekretär im Reichskolonialamt. 1912. 2 M.

106—109. **Reichs-Versicherungsordnung nebst Einführungsgesetz:** Herausgegeben unter Mitwirkung von Dr. **F. Caspar**, Wirkl. Geh. Rat, Direktor im Reichsamt d. Innern und **A. Spielhagen**, Geh. Ob.-Reg.-Rat, vortr. Rat im Reichsamt d. Innern. 4 Bände.

106. Erstes, fünftes und sechstes Buch. **Gemeinsame Vorschriften. — Beziehungen der Versicherungsträger zu einander und zu anderen Verpflichteten. — Verfahren.** Bearbeitet von Dr. **K. Lippmann**, Reg.-Rat im Reichsversicherungsamt, Professor, Geh. Reg.-Rat Dr. **L. Laß** und Geh. Reg.-Rat **H. Siefart**, vortrag. Räte im Reichsamt des Innern. 1913. 6 M.

107. Zweites Buch. **Krankenversicherung.** Von Geh. Reg.-Rat **H. Siefart**, vortrag. Rat im Reichsamt des Innern. Im Druck.

108. Drittes Buch. **Unfallversicherung.** Von Geh. Reg.-Rat **A. Radtke**, Senatsvorsitzender im Reichsversicherungsamt. 1913. 8 M.

109. Viertes Buch. **Invaliden- und Hinterbliebenenversicherung.** Bearbeitet von Geh. Ober-Regierungs-Rat **B. Jaup**, vortragender Rat im Reichsamt des Innern und **H. Follmann**, Geh. Reg.-Rat im Reichsversicherungsamt. 1912. 4 M.

110. **Wehrbeitragsgesetz** mit Ausführungsbestimmungen. Von Geheimem Ober-Finanzrat **A. Fernow.** 2. Aufl. 1913. 2 M.

111. **Reichs- und Staatsangehörigkeitsgesetz.** Vom 22. Juli 1913. Von Dr. **R. Romen**, Wirklichem Geheimen Kriegsrat. 1913. 2 M. 20 Pf.

112. **Kaufmannsgerichtsgesetz** und die anzuwendenden Bestimmungen des Gewerbegerichtsgesetzes unter besonderer Berücksichtigung der Literatur und Rechtsprechung. Von Magistratsrat Dr. **H. Depène**, Vorsitzender des Kaufmannsgerichts Berlin. 1914. 2 M. 60 Pf.

113. **Postscheckgesetz.** Von Oberpostinspektor **J. Weiland.** 1914. 1 M. 50 Pf.

113a. **Postscheckordnung** mit Ausführungsbestimmungen. Von Oberpostinspektor **J. Weiland.** 1914. Kart. 1 M. 50 Pf.

114. **Waffengebrauch und Festnahmerecht des Militärs.** Von Dr. **A. Romen**, Wirkl. Geh. Kriegsrat und Dr. **C. Rissom**, Kriegsgerichtsrat. 1914. 2 M.

115. **Das vertragliche Wettbewerbsverbot (Konkurrenzklausel).** Nebst Kommentar zum Gesetz vom 10. Juni 1914. Von Rechtsanwalt Dr. **G. Baum.** 1914. 3 M.

116. **Kriegs-Zivil- und Finanzgesetze** vom 4. August 1914. 1 M. 50 Pf.

In Vorbereitung:

Besitzsteuergesetz (Vermögenszuwachssteuergesetz). Von Geheimem Ober-Finanzrat **A. Fernow.**

Guttentagsche Sammlung

Preußischer Gesetze.

Textausgaben mit Anmerkungen. Taschenformat.

---

1. Die **Verfassungs-Urkunde** für den Preußischen Staat. Mit Einleitung, vollständigem Kommentar. Von Prof. Dr. **Adolf Arndt. 7. Aufl.** 1911. **4 M.**

2. Preußische **Beamten-Gesetzgebung.** Enthaltend die wichtigsten Beamtengesetze in Preußen. Von **C. Pfafferoth. 4., neubearb. Aufl.** 1905. Mit Anhang: Abänderung vom 27. Mai 1907. 2 M.

3. **Die Aufnahme des Nottestaments** durch die bestellten Urkundspersonen. Anweisung mit Musterbeispielen und Abriß des Erbrechts von Amtsgerichtsrat **C. Kurtz.** 1904. 1 M. 50 Pf.

4. **Gebührenordnung** für **Notare** vom 25. Juli 1910. **4. Aufl.** bearbeitet von Justizrat **Rausnitz.** 1910. 2 M. 20 Pf.

5. Gesetz vom **24. April 1854 (betr. die außerehel. Schwängerung).** Von Dr. **Schulze.** 1873. 75 Pf.
   Gültiges Recht siehe: Reichsgesetze Nr. 58.

6. Die Preuß. **Ausführungsgesetze und Verordnungen zu den Reichs-Justizgesetzen.** Von **R. Sydow.** Siehe Seite 24, Busch-Eylau, Ausführungsgesetze.

7. Allg. **Gerichtsordnung** und Preuß. **Konkursordnung.** Von **F. Vierhaus.** Vergriffen.

8. **Vormundschaftsordnung.** Von **F. Schultzenstein.**
   Gültiges Recht siehe: Reichsgesetze Nr. 47.

9. Die Preußische **Grundbuchgesetzgebung**. Von Prof. Dr. **Fischer**. Vergriffen. Siehe: Reichsgesetze Nr. 42.

10. **Einkommensteuergesetz**. Von **A. Fernow**, Geh. Ober-Finanzrat. 8. **Aufl.** 1913. 5 M.

11. **Gewerbesteuergesetz**. Von **A. Fernow**, Geh. Ober-Finanzrat. **5., vermehrte Aufl.** 1910. 3 M.

12. **Allgemeines Berggesetz**. Mit seinen Novellen und Nebengesetzen. 3. **Aufl.**, bearbeitet von den Oberbergräten **Schlüter** und **Hense**. 1913. 7 M. 50 Pf.

13. **Ergänzungssteuergesetz** (Vermögenssteuergesetz). Von **A. Fernow**, Geh. Ober-Finanzrat. 5. **Aufl.** 1914. 4 M.

14. **Kommunalabgabengesetz**. Vom 14. Juli 1893 und Gesetz wegen Aufhebung direkter Staatssteuern. Von Dr. **F. Adickes**, Oberbürgermeister. 5. **Aufl.** Bearbeitet von Stadtrat Dr. **Woell**. 1911. 2 M. 40 Pf.

15. Die **Kreisordnungen** für den Preußischen Staat. Von **O. Kolisch**, Landgerichtsrat. 1894. 4 M.

16. **Konzessionierung gewerblicher Anlagen**. Preuß. Ausführungs-Anweisung zu §§ 16 u. ff. der Gewerbe-Ordnung. Von Dr. **W. v. Rüdiger**, Geh. Regierungs- u. Gewerberat. 2. **Aufl.** 1901. 2 M.

17. Preußisches **Gerichtskostengesetz**. Vom 25. Juli 1910. Mit **Kostentabellen**. Von Dr. **P. Siméon**, **Kammergerichtsrat**. 7. **Aufl.** 1913. 4 M.

18. Preußisches **Stempelsteuergesetz** vom 30. Juni 1909. Mit sämtlichen Ausführungsbestimmungen. Von **P. Loeck**, Geh. Regierungsrat. **7. Aufl.** 8°. 1911. 7 M.

19. Das **Jagdscheingesetz.** Von **F. Kunze**, Wirklichem Geh. Ober-Regierungsrat. **2. Aufl.** 1899. 2 M.

20. Die **preußischen Erbschaftssteuergesetze.** Von **U. Hoffmann**, Rechnungsrat im Königl. preuß. Finanzministerium. 1905. 4 M.

(**Reichs**-Erbschaftssteuergesetz s. Reichsgesetze Nr. 77).

21. Gesetz **über die Handelskammern.** Von **F. Lusensky**, Geh. Regierungsrat. **2. Aufl.** 1909. 3 M.

22. Gesetz, betr. **Anstellung und Versorgung der Kommunalbeamten.** Von Dr. **W. Ledermann. 2. Auflage.** 1914. Bearbeitet von Dr. **Ludwig Brühl.** 2 M. 20 Pf.

23. **Ausführungsgesetz zum Bürgerlichen Gesetzbuche.** Von Kammergerichtsrat Dr. **P. Siméon. 3. Aufl.** 1914. 2,20 M.

24. Die **Hinterlegungsordnung** nebst Ausführungsbestimmungen. Von Regierungsrat Dr. **Georg Bartels. 2. Aufl.** 1908. 2 M.

—, Gesetz vom 21. April 1913 s. Nr. 53.

25. **Preußische Kommunalbeamtengesetzgebung.** Von Magistrats-Assessor Dr. **Fr. Kremski**, Berlin. 1901. 3 M.

26. Gesetze über das **Diensteinkommen der Lehrer und Lehrerinnen, Ruhegehalt und Fürsorge für Hinterbliebene.** Tabelle zur Berechnung der Ruhegehalts-, Witwen- und Waisenbezüge. Von Dr. **Ed. Cremer**, Beigeordneter. 1900. 2 M. 40 Pf.

27. Gesetz, betreffend die **Warenhaussteuer.** Von Geh. Ober-Finanzrat Dr. **G. Strutz.** 1900. 1 M. 20 Pf.

28. Gesetz über die **Fürsorgeerziehung Minderjähriger.** Von Landgerichtsdirektor Dr. **P. F. Aschrott. 2. umgearbeitete Aufl.** 1907. 2 M. 80 Pf.

29. Gesetz, betr. **die ärztlichen Ehrengerichte, das Umlagerecht und die Kassen der Aerztekammern.** Von Amtsgerichtsrat Dr. **F. Fidler.** 1901. 1 M. 50 Pf.

30. Das **Preußische Staatsschuldbuch** und **Reichsschuldbuch.** Von Wirkl. Geh. Ober-Finanzrat **J. Mücke.** 1902. 2 M.

31a. **Die geltenden Preußischen Gesindeordnungen.** Herausgegeben in zwei Bänden von **Stephan Gerhard,** Rechtsanwalt in Berlin.

Band I: Gesindeordnung für die altpreußischen Provinzen vom 8. Nov. 1810, bearbeitet mit ausführlichen Erläuterungen unter Berücksichtigung der Ergänzungsgesetze, der Rechtsverhältnisse der Stellenvermittler und der Reichsversicherungsordnung, sowie die Gesindeordnungen für Neuvorpommern und Rügen und für die Rheinprovinz. **2. Aufl.** 1914. 3 M.

31b. **Band II:** Gesindeordnungen für Hannover, Schleswig-Holstein, Hessen-Nassau und den Regierungsbezirk Hohenzollern. 2 M. 50 Pf.

Siehe **auch** Seite 25: **Ratgeber** von **G r i e b e n.**

32. **Die Städteordnung für die sechs östlichen Provinzen** Preußens vom 30. Mai 1853. Von Stadtrat Dr. **Walter Ledermann** u. Magistratsrat Dr. **Ludwig Brühl. 2. Aufl.** 1913. 7 M. 50 Pf.

33. **Rentenguts- und Anerbenrechts-Gesetzgebung in Preußen.** Von Landgerichtsrat **M. Peltasohn** und Rechtsanwalt **Bruno Peltasohn.** 1903. 3 M.

34. Sammlung der wichtigsten **preußischen Strafgesetze** nebst Anhang: Gesetz betr. polizeiliche Strafverfügungen vom 23. April 1883. Von **Otto Lindemann**, Geheimen Justizrat. 1912. **2. Aufl.** 3 M. 50 Pf.

35. **Geschäftsordnung für Gerichtsvollzieher.** Von **Emil Exner.** 1904. 3 M. 50 Pf.

36. **Polizeiverordnungen in Preußen.** Von **Otto Lindemann,** Geheimen Justizrat. 1912. **2. Aufl.** 2 M. 50 Pf.

37. Gesetz über die **Enteignung von Grundeigentum** vom 11. Juni 1874. Von Oberlandesgerichtsrat **O. Meyer. 2. Aufl.** 1911. 2 M. 25 Pf.

38. **Kreis- und Provinzial-Abgabengesetz.** Vom 23. April 1906, Von **Fr. Schmidt,** Gemeindevorsteher. 1906. 1 M. 25 Pf.

39. Gesetz, betr. die **Unterhaltung der öffentl. Volksschulen.** Von Dr. **A. Marcks,** Regierungsrat. 1906. 2 M.

40. **Verwaltungsstrafverfahren** bei Zuwiderhandlungen gegen die Zollgesetze und indirekte Reichs- und Landesabgaben. Von Dr. **Richard Katzenstein.** 1907. 3 M. 60 Pf.

41. Die **preußischen Jagdpolizeigesetze.** Von **Fr. Kunze,** Wirkl. Geh. Oberregierungsrat und **R. Kühnemann,** Rechtsanwalt. **2. Aufl.** 1907. 3 M. 60 Pf.

42. Die Gesetzgebung über die **Allgemeine Landesverwaltung** und über die **Zuständigkeit der Verwaltungs- und Verwaltungsgerichtsbehörden.** Von Rechtsanwalt Dr. **Karl Friedrichs.** 1908. 3 M.

43. Gesetz betr. die **Zulassung einer Verschuldungsgrenze** für land- und forstwirtschaftlich benutzte Grundstücke. Von Dr. jur. **R. Leweck,** Syndikus. 1908. 2 M. 40 Pf.

44. **Quellenschutzgesetz** nebst den Ausführungsbestimmungen von **Carl Voelkel**, Geheimer Bergrat. 1909. 1 M.

45. **Rechtsverhältnisse der Juden in Preußen** von Dr. jur. **Max Kollenscher**, Rechtsanwalt. 1910. 2 M. 40 Pf.

46. **Austritt aus der Landeskirche** vom 14. Mai 1873. Von Gerichtsassessor **Hrch. Chr. Caro.** 1911. 2 M. 40 Pf.

47. Gesetz, betr. die **Feuerbestattung** von Amtsgerichtsrat Dr. **W. Lohmann.** 1911. 1 M. 50 Pf.

48. **Zweckverbandsgesetz für Groß Berlin** vom 19. Juli 1911 nebst Abdruck des allgemeinen Zweckverbandsgesetzes. Von Magistratsräten Dr. **Ludw. Brühl**, Dr. **Kurt Gordan** und Stadtrat Dr. **Walter Ledermann** in Berlin. 1912. 4 M.

49. **Gesetze gegen die Verunstaltung landschaftlich hervorragender Gegenden** mit Ausführungsanweisungen. Von Regierungsrat **Otto Goldschmidt.** 1912. 2 M. 50 Pf.

50. **Gesetz, betr. die Anlegung und Veränderung von Straßen und Plätzen in Städten und ländlichen Ortschaften** von Oberlandesgerichtsrat **O. Meyer.** 1912. 3 M.

51. **Das preußische Disziplinargesetz für die nichtrichterlichen Beamten** nebst dem Disziplinargesetze für die Privatdozenten. Von Regierungsrat Dr. **Eugen v. Dultzig.** 4 M. 50 Pf.

52. **Preußisches Wassergesetz** v. 7. April 1913 von Rechtsanwalt **Georg Wulff** und Rechtsanwalt **Ferd. Herold.** 1913. 5 M

53. **Hinterlegungsordnung** v. 21. April 1913. Von **Hagemann**, Landrichter. 2 M. 25 Pf.

54. Gesetz, betr. die **Anlegung von Sparkassenbeständen in Inhaberpapieren** nebst Ausführungsverordnung vom 8. Mai 1913. Kommentar von Rechtsanwalt **Herbert Döhring.** 2 M.

Guttentagsche Sammlung
von Textausgaben mit Sachregister ohne Anmerkungen.

Taschenformat, elegant in Leinen gebunden.

Zivilprozeßordnung mit **Gerichtsverfassungsgesetz** und **Einführungsgesetzen.** Neue Fassung. Mit der Novelle vom 22. Mai 1910. 2 M.

Konkursordnung mit **Einführungsgesetz.** 80 Pf.

Bürgerliches Gesetzbuch nebst **Einführungsgesetz.** 10. Abdruck. 2 M. 50 Pf.

Handelsgesetzbuch nebst **Einführungsgesetz** und **Seerecht.** 8. Abdruck. 1910. 1 M. 80 Pf.

Reichsversicherungsordnung von 1911 (Kranken-, Unfall-, Invaliden- u. Hinterbliebenenversicher.). 20—30 Tausend. 2 M.

Militärstrafgerichtsordnung nebst **Einführungsgesetz** u. Gesetzen, betr. Dienstvergehen der richterlichen Militärjustizbeamten und unfreiwillige Versetzung derselben usw. mit **Militär-Strafgesetzbuch.***) **2. Aufl.** 1 M. 50 Pf.

*) Ist auch einzeln zu haben. Preis 1 M.

Wechselordnung mit Anhang: **Wechselprozeß und Ausführungsanweisung.** 1908. 1 M.

Die Preußischen Ausführungsgesetze zum Bürgerlichen Gesetzbuche und Nebengesetze. 5. Aufl. 1 M. 80 Pf.

Reichsfinanzgesetze von 1909 einschließlich der **Reichsstempelgesetze** und des **Erbschaftssteuergesetzes.** 1909. 2 M.

Zuwachssteuergesetz vom 14. Februar 1911. 80 Pf. **Ausführungsbestimmungen** dazu 60 Pf.

Versicherungsgesetz für Angestellte vom 20. Dez. 1911. 1 M. 25 Pf.

Strafgesetzbuch. Mit ausführl. Sachregister. 1912. 1 M. 20 Pf.

Wehrbeitrag und Besitzsteuer. Mit ausführl. Sachregister. 1913. 1 M.

Struckmann-Koch, Zivilprozeßordnung für das Deutsche Reich nebst den auf den Zivilprozeß bezüglichen Bestimmungen des Gerichtsverfassungsgesetzes und den Einführungsgesetzen. In den neuen Fassungen mit der Novelle von 1910. **Kommentar.** Herausgegeben unter Mitwirkung von **R. Rasch,** Landgerichtspräsident in Altona, Dr. **P. Koll,** Senatspräsident beim Oberlandesgericht in Cöln, Dr. **Flechtheim,** Rechtsanwalt beim Oberlandesgericht in Cöln. **9., umgearbeitete Auflage.** 1910. Lex.-8°. 24 M., geb. 26 M.

Pinner, Kommentar zum Gesetz **gegen den unlauteren Wettbewerb** vom 7. Juni 1909. **2. Aufl.** Herausgegeben von Justizrat **Albert Pinner** und Rechtsanwalt Dr. **Erich Eyck.** 1910. Gr.-8°. 5 M. 50 Pf., geb. 6 M. 50 Pf.

Das preußische Warenhaussteuergesetz vom 18. Juli 1900, in Verbindung mit den anderen deutschen Warenhaussteuergesetzen. Erläutert von Dr. **J. Wernicke,** Syndikus. 1913. Preis 4 M. 50 Pf., gebunden 5 M.

Die Stempelsteuerpflicht bei Grundstücksübertragungen. Ein Hilfsbuch zur Berechnung und Einziehung des Immobiliarstempels. Zusammengestellt und bearbeitet von **J. Brachvogel,** Amtsgerichtsrat. 1912. Gr.-8°. Preis 6 M., geb. 7 M.

Patentgesetz und Gesetz, betr. den **Schutz von Gebrauchsmustern.** Von Justizrat Dr. **A. Seligsohn. 4., neubearbeitete Auflage.** 1909. Gr.-8°. 12 M., geb. in Leinen 13 M.

Die Preußischen Ausführungsgesetze, Verordnungen und ministeriellen Verfügungen zu dem Bürgerlichen Gesetzbuche und den Reichs-Justizgesetzen nebst anderen zugehörigen Gesetzen. Von **L. Busch. 2. Aufl.** von Landrichter **O. Eylau.** 8°. Preis geb. 4 M. 50 Pf.

Preußische Bürgerliche Gesetzsammlung. Sammlung der noch geltenden Landesgesetze privatrechtlichen Inhalts. Herausgegeben von den Gerichtsassessoren **D. Fischer** und Dr. **F. Schroeder.** 8°. 2 Bände Preis geb. in ganz Leinen 20 M.

Erster Band: **Das Allgemeine Landrecht mit den Einführungs-Patenten.** Preis 6 M.

Zweiter Band: **Gesetze von 1773—1902.** Preis 14 M.

Kommentar zum Stellenvermittlergesetz vom 2. Juni 1910 unter besonderer Berücksichtigung des zivilrechtlichen Gesetzesinhaltes mit den Ausführungsbestimmungen für **Preußen, Bayern, Sachsen** von **M. K. Samter,** Amtsgerichtsrat. 1912. Gr.-8°. Preis 4 M., geb. 5 M.

Die Gerichtspraxis. Herausgegeben von Kammergerichtsrat Dr. **Ernst Pape** in Verbindung mit Amtsrichter **E. Armstroff,** Berlin-Lichterfelde, Staatsanwalt Dr. **E. Falk,** Berlin, Kammergerichtsrat **M. Gfrörer,** Berlin, Amtsrichter **Wilh. Häuseler,** Berlin-Weißensee, Amtsgerichtsrat **Georg Krause,** Berlin-Tempelhof, Amtsgerichtsrat **L. Levy,** Charlottenburg, Landrichter Dr. **Max Nadler,** Berlin, Amtsgerichtsrat **H. Riesenstahl,** Berlin. 1914. Gr. 8°. Geb. 18 M. 50 Pf.

Prozeßrechtlicher Schutz der Kriegszeit. Ein Kommentar zum Gesetz vom 4. August 1914, betr. den Schutz der infolge des Krieges an der Wahrnehmung ihrer Rechte behinderten Personen von Landrichter a. D. Dr. **Sieskind.** Preis etwa 2 M.

Die Invaliden- und Hinterbliebenenversicherung nach der **Reichsversicherungsordnung.** Eine systemat. Zusammenstellung der gesetzl. Bestimmungen von Dr. **Richard Freund**, Vorsitzendem der Landes-Versicherungsanstalt Berlin. 1911. 2 M., geb. 3 M.

Wie leitet man eine Versammlung? Geschäftlicher Handweiser für Vorsitzende. Von einem Mitgliede des deutschen Reichstages und des preußischen Abgeordnetenhauses. 2. Aufl. 1908. kart. 1 M.

Praktischer Ratgeber für Dienstherrschaften nach dem Preuß. Gesinderecht unter Berücksichtigung der neueren Entscheidungen bearbeitet von **H. Grieben**, Verwaltungsdirektor a. D. und Bürgermeister. 1908. 1 M.

Das Recht der Handlungsgehilfen und Handlungslehrlinge. Von Rechtsanwalt **Hugo Horrwitz.** 2. Aufl. Geb. 3 M.

Die Registratur. Von **Hermann Kollrack.** 2. Aufl. 1906. 8°. Kart. 1 M. 40 Pf.

Die Pflichten des Waisenrates. Ein praktischer Leitfaden für Waisenräte und Verwaltungsbeamte. Von **F. Baum**, Geh. Justizrat und Vormundschaftsrichter. 8. **vermehrte und verbesserte Auflage.** 1906. 8°. 60 Pf.

Der Vormund, Gegenvormund, Pfleger und Familienrat. Nach dem Bürgerlichen Gesetzbuch, dem Reichsgesetz über die Angelegenheiten der freiwilligen Gerichtsbarkeit und dem Ausführungsgesetz zum BGB. Ein praktischer Leitfaden. Von **F. Baum**, Geh. Justizrat und Vormundschaftsrichter. 1899. 8°. 50 Pf.

Schlagwort-Register.

R. = Nummer der Sammlung Deutscher **Reichs**gesetze.
P. = Nummer der Sammlung **Preußischer** Gesetze.
S. = Seite.

Schlagwort-Register. (R. = Reichsgesetz, P. = preuß. Gesetz.)

Schlagwort-Register. (R. = Reichsgesetz, P. = preuß. Gesetz.)

Schlagwort-Register. (R. = Reichsgesetz, P. = preuß. Gesetz.)

Schlagwort-Register. (R. = Reichsgesetz, P. = preuß. Gesetz.)

Schlagwort-Register. (R. = Reichsgesetz, P. = preuß. Gesetz.)

 Nr. 16. VIII. 1914. 80 500.

FSC
www.fsc.org
MIX
Papier | Fördert
gute Waldnutzung
FSC® C083411

Kolibri 360 GmbH
Ferdinand-Jühlke-Straße 7
99095 Erfurt, Deutschland
produktsicherheit@kolibri360.de